27565

# RÉVISION
# DES POISSONS

QUI VIVENT

DANS LES COURS D'EAU & DANS LES ÉTANGS

## DU DÉPARTEMENT DE LA MOSELLE

AVEC QUELQUES CONSIDÉRATIONS

SUR LE DARWINISME

### Par J.-B. GÉHIN

MEMBRE DE PLUSIEURS SOCIÉTÉS SAVANTES NATIONALES ET ÉTRANGÈRES.

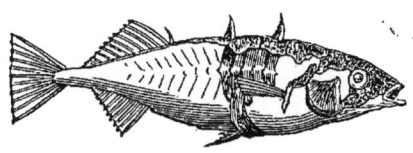

METZ

J. VERRONNAIS, Imprimeur de la Société d'Histoire Naturelle
de la Moselle

1868

# RÉVISION DES POISSONS

QUI VIVENT

Dans les Cours d'Eau & dans les Étangs

## DU DÉPARTEMENT DE LA MOSELLE

AVEC

QUELQUES CONSIDÉRATIONS SUR LE DARWINISME.

## I.

Hollandre est le premier naturaliste qui se soit occupé d'une manière particulière des poissons qui habitent les eaux du département de la Moselle. C'est en 1826, que parut, pour la première fois, dans la vingt-troisième année de l'*Annuaire* publié par Verronnais père, un catalogue scientifique de nos richesses ichthyologiques.

Une année plus tard, en 1827, Braut, pharmacien-major à l'hôpital militaire de Metz, publia, dans le tome vingt-deuxième des *Mémoires de médecine, de chirurgie et de pharmacie militaires*, une topographie physique et médicale de Metz et des environs, dans laquelle se trouve un deuxième catalogue des poissons du département de la Moselle. Mais je ne fais mention de ce travail que pour mémoire, attendu qu'il n'est qu'une compilation mal faite du travail de Hollandre; j'ajouterai même une compilation faite de mauvaise foi, car, s'il est utile, nécessaire même, de prendre dans les documents antérieurs les renseignements qui peuvent servir à un ouvrage nouveau, toujours est-il que l'équité autant que la reconnaissance, fait un devoir de citer les sources auxquelles on va puiser

En 1836, parut enfin à Metz, le premier volume de la *Faune de la Moselle*, dont les catalogues de 1825 et de 1826 n'étaient que la préparation. Cet ouvrage, remarquable à plus d'un titre, a surtout un mérite trop ignoré jusqu'ici : c'est qu'il fut le premier qui parut sur un département de la France, celui de Vallot, sur la Côte-d'Or, auquel on attribue cet honneur n'est que de 1837[1]. C'est donc le premier pas de décentralisation scientifique qui ait été fait dans notre pays. Trente-neuf de nos espèces de poissons, dont trois entièrement nouvelles, sont décrites dans cet ouvrage où, à cause des progrès de la science, nous aurons des espèces nouvelles à ajouter, et quelques corrections insignifiantes à faire.

Vers la fin de la même année 1836, Fournel, qui selon toute probabilité, avait eu connaissance de quelques-unes des parties du travail précédent, a fait paraître une *Faune du département de la Moselle*, dans le premier volume de

---

[1] En France il n'y a que cinq départements où l'on a publié des faunes ichthyologiques. Ce sont : La Côte-d'Or, Vallot, 1837 ; la Vienne, Mauduyt, 1853 ; la Gironde, Laporte, 1856 ; la Sarthe, Anjubault, 1855 ; et la Moselle qui en a deux de 1836, lesquelles sont aussi les premières.

laquelle il décrit trente-six espèces de poissons, dont trente-quatre figurent dans l'ouvrage de Hollandre. Fournel, qui avait, avec beaucoup de zèle, recueilli un très-grand nombre de poissons pêchés dans plusieurs rivières de notre département, n'a cependant pas su y découvrir les trois types nouveaux décrits précédemment; il a en outre commis plusieurs fautes de synonymie que nous aurons à signaler.

En 1845, Messieurs Lepage et Charton, d'Epinal, ont publié une *Statistique historique et administrative du département des Vosges*, dans laquelle se trouve une liste de trente-six espèces de poissons qui vivent dans les lacs et les rivières de ce département. Mais, comme dans cette liste figurent des poissons qui, comme l'alose et l'esturgeon, ne peuvent plus, depuis bien longtemps, remonter plus haut que Metz, je crois que ces auteurs n'ont fait que copier le catalogue des espèces décrites dans l'ouvrage de Fournel.

Jusqu'en 1854, rien de particulier n'a paru sur nos poissons, malgré les ouvrages remarquables publiés sur ces animaux, en France et en Allemagne, et qui cependant, rendaient déjà nécessaire, à cette époque, une révision de notre faune ichthyologique. Le Préfet de la Moselle d'alors, faisant appel aux connaissances spéciales de quelques membres de l'Académie impériale de Metz, eut l'excellente idée de refaire le travail publié par ordre du gouvernement, en l'an XI, sous les auspices de M. le comte Colchen, premier préfet de notre département, concernant une statistique mosellane. Malheureusement cet ouvrage, remarquable pour quelques parties qui y furent traitées, peut-être avec trop de développement, offre, sous d'autres rapports, des lacunes extrêmement regrettables; aussi n'a-t-il pas eu tout le succès que l'on en attendait. C'est, à bien des points de vue, une œuvre à refaire complétement.

Malherbe, dont les travaux ornithologiques sont si justement appréciés, a été chargé de faire, pour la publication dont nous venons de parler, la statistique des animaux vertébrés. Des mammifères et des reptiles, peu nombreux du reste, nous n'avons rien à dire ici; les oiseaux sont naturellement traités de main de maître; mais pour les poissons, il est fâcheux que notre regretté président n'ait pas cherché à vérifier, par des comparaisons nouvelles, les espèces dont il prenait les noms dans la faune de Hollandre, en donnant à ces poissons la synonymie indiquée dans l'ouvrage de Valenciennes. C'est à cette concordance synonymique, appliquée sans un contrôle exercé sur les animaux eux-mêmes, qu'il faut attribuer les erreurs signalées plus loin. Quarante-deux de nos espèces figurent dans le catalogue de 1854. Sur ce nombre, trente-huit sont communes avec Hollandre et trente-trois seulement avec Fournel. Deux des espèces indiquées par Malherbe n'ont pas été vues par lui; il ne les a fait entrer dans la *Statistique de la Moselle* que parce que M. de Selys Lonchamp les a observées dans la Meuse et dans la basse Moselle.

En 1862, M. Godron, professeur à la Faculté des sciences de Nancy, a publié une *Zoologie de la Lorraine*, en se servant, pour rédiger le catalogue des poissons, des ouvrages de Hollandre, de Fournel et de la statistique de Malherbe. Quarante-trois espèces y figurent ; sur ce nombre trente-sept sont signalées par le premier de ces auteurs et trente-quatre par chacun des deux autres.

Dans la même année 1862, M. Blanchard, professeur au Muséum d'histoire naturelle de Paris, entreprit de faire l'histoire des poissons qui vivent dans les eaux douces de la France. Mais comme, dans toutes les contrées de notre pays, il existe la plus grande confusion dans l'appellation vulgaire de ces animaux, lesquels sont aussi très-variables et peuvent par conséquent donner lieu à la création de beaucoup d'espèces mal définies, le savant professeur fit un voyage dans tous les départements pour voir par lui-même et pour se créer des correspondants qui voulussent bien recueillir pour lui les poissons dont il avait besoin pour ses études. A Metz, ce fut à moi qu'il s'adressa et je m'empressai de saisir cette occasion de reconnaître, bien faiblement il est vrai, les services que, comme entomologiste, j'avais plusieurs fois reçus de lui.

Evidemment, mon premier soin fut, pour accomplir ce travail, de consulter les publications locales dont je viens de présenter l'historique ; je restai confondu en trouvant que quatre auteurs contemporains, dont trois au moins ayant eu entre eux de nombreux rapports scientifiques, n'avaient pu, sur quarante-quatre espèces de poissons alors signalées dans notre département, se mettre d'accord que sur trente-trois ! Chercher les causes de cette discordance, réunir le plus grand nombre de types possible ainsi que leurs variétés, telles sont les raisons qui m'ont amené à m'occuper d'une branche de la zoologie aux détails de laquelle j'étais resté étranger jusqu'ici.

En 1864, notre compatriote M. Raillard, ingénieur des ponts et chaussées à Metz, a publié, pour les agents de son service, une instruction générale (autographiée) concernant la police de la pêche et contenant des renseignements sommaires sur les mœurs et sur les caractères spécifiques des poissons qui habitent les eaux du département. Ces animaux y sont partagés en espèces utiles et en espèces indifférentes ; il y en a quatorze des premières et dix-sept des secondes. Naturellement les considérations scientifiques sont étrangères à ce travail qui est terminé par une énumération des principaux engins de pêche et des différentes manières de pêcher dans notre pays. M. Raillard les partage en deux catégories dont voici le sommaire :

1° *Engins de pêche permis en tout temps ou seulement dans des conditions déterminées par les règlements:* Ligne, — ligne flottante, — ligne plongeante, — ligne de fond, — ligne dormante, — cordeau, — nasse, — verveux sans ailes, — balance, — fagot d'épines, — bouteille ou carafe à goujons, — carrelet, — chaines, — épervier, — gille à bateau, — senne ou seine.

2° *Engins ou pêches défendues :* Pêche à la main, — pêche au trident, — pêche à la fourchette, — pêche au feu, — pêche au fusil, — pêche à brouiller, — barandage, — filets dans les vannes de moulin, — barrage des cours d'eau, — ruze, — harnasse, — épervier trainant, — trouble, — épaisret ou passerage.

Enfin, en 1866, parut l'*Histoire des poissons de France*, ouvrage remarquable à bien des points de vue. Nous voudrions voir notre pays posséder, comme l'Angleterre et l'Allemagne, un plus grand nombre de monographies de ce genre, popularisant la science, faisant connaître nos richesses naturelles et stimulant partout le zèle des naturalistes pour compléter ou rectifier les catalogues des animaux et des plantes qui vivent dans nos contrées. Ayant procuré à M. Blanchard les types de plusieurs des espèces qu'il décrit ; ayant, de 1862 à 1865 surtout, réuni un grand nombre d'individus appartenant aux espèces les plus difficiles à reconnaître ; ayant, enfin, recueilli près des pêcheurs et près des marchands de poissons, beaucoup de renseignements sur l'habitat de la plupart de ces animaux, je crois, si je ne n'ai pas tout réuni (et qui pourrait jamais se flatter d'un pareil succès ?) avoir cependant approché plus près du but qu'aucun de mes devanciers.

Quarante-huit espèces figurent dans le catalogue que je publie aujourd'hui. Il ne saurait plus y avoir de doute sur l'existence, dans nos eaux, de quarante-quatre de ces espèces ; des quatre autres il y en a deux que je n'ai pu me procurer et deux qui me paraissent avoir été indiquées à tort par Hollandre et par Malherbe, car, malgré toutes mes recherches, je n'ai pu en trouver de traces dans les endroits même où ils ont dû être pris. Si maintenant on se rappelle que sur ce nombre de quarante-huit espèces, trente-trois seulement sont communes aux auteurs que j'ai cités plus haut, on me pardonnera d'avoir songé à refaire le catalogue des poissons qui vivent dans les eaux du département de la Moselle. D'ailleurs l'ouvrage de Hollandre devient rare, celui de Fournel est incomplet et les énumérations faites par Malherbe et par M. Godron, ne contiennent aucun détail de mœurs, pas de critique synonymique et présentent enfin des lacunes qu'il est temps de combler.

Naturellement c'est l'ouvrage de M. Blanchard qui m'a servi de guide pour la classification, ainsi que pour la détermination des espèces et par conséquent pour la synonymie. Ainsi que je l'ai dit plus haut, j'ai vérifié, sur des poissons frais, presque toutes les descriptions de Hollandre et de Fournel. Sous le rapport de la concordance des espèces que je signale, avec les noms qui leur sont attribués par ces deux auteurs, ou par M. Blanchard, je suis en mesure de donner ici la certitude d'une synonymie aussi exacte que possible. Je dois cependant faire une réserve en ce qui concerne le nombre des rayons des nageoires dorsales, ventrales ou pectorales, qui variant quelquefois, sont aussi, dans un grand nombre de cas, difficiles à compter, à cause du peu de développement des prèmiers et des derniers rayons. C'est ce qui explique comment, pour le même poisson, Linné, Bloch, Valenciennes, Hollandre, Fournel ou M. Blanchard, paraissent en désaccord sur le nombre des rayons de deux, quatre ou même six nageoires.

Avant d'aborder un autre sujet, je dois adresser ici mes remerciements à toutes les personnes qui ont bien voulu me procurer des poissons, m'aider de leurs conseils ou me communiquer le fruit de leur expérience dans l'art de la pêche ou dans le commerce du poisson. Ce sont particulièrement Messieurs Kœlsch, de Gérarmer; Olry, d'Epinal; Luxer, de Charmes; Fauché, de Briey; François, de Conflans; Soucellier, de Gorze; Heusler, de Longuyon; Moulnier fils, de Longwy; Jolival, de Rodemack; Dorbritz, de Sierk; Gœbel, de Bouzonville; Verner, de Boulay; Winsback fils, de Saint-Avold; Müller, de Forbach; Schmidt, de Sarreguemines; Birngruber, de Bitche; Hohmann, de Morhange; Lambert, de Faulquemont; Mangin, de Rémilly; Humbert et Gauthiez, de Longeville-lès-Metz; André, de Courcelles-Chaussy; Vitry, de Puttelange; Marchal de Sarralbe; Fiers, Maréchal aîné, Maréchal jeune et Thiriet, de Metz; mes honorables collègues et amis de la Société d'Histoire naturelle, Messieurs Fridrici, Moreau et Félicien de Saulcy; enfin M. le docteur ès-science Varnimont, de Teutange, poète, naturaliste et pêcheur passionné, qui m'a fourni des renseignements sur les mœurs des poissons du pays de Luxembourg, dont les rivières sont tributaires de la Meuse et de la Moselle.

## II.

Le système hydrographique du département de la Moselle appartient entièrement au bassin de la mer du Nord. Trois rivières du nord-ouest, le Chiers, la Crusne et l'Othain, s'y rendent par la Meuse; deux ruisseaux de l'est, le Niederbronn et le Sturtzelbronn se perdent dans la Zinzelle qui est un affluent direct du Rhin; tous les autres cours d'eau se rendent dans la Moselle ou dans ses principaux affluents : l'Orne et la Syre sur la rive gauche, la Seille et la Sarre sur la rive droite. La Moselle, dont les eaux limpides et les rives pittoresques ont déjà inspiré plusieurs poètes, traverse notre département du sud au nord ; elle y occupe une surface liquide de 970 hectares environ. Autrefois extrêmement poissonneuse, elle a subi le dépeuplement que l'on constate sur presque tous les cours d'eau de l'Europe. Ce n'est guère que dans cette rivière, ou au confluent de la Sarre, de la Syre et quelquefois de l'Orne, que se rencontrent quelques espèces marines, accidentellement comme la Plie, l'Alose et l'Esturgeon, périodiquement comme le Saumon et la grande Lamproie. Dans la Seille, ainsi que dans tous les affluents secondaires, le grand nombre de barrages qu'on y a établis empêchent les poissons d'en remonter le cours.

Aucun lac n'existe dans notre département ; mais les étangs y sont très-nombreux ; ils y occupent une superficie de près de 800 hectares dont plus de moitié dans le seul arrondissement de Sarreguemines, où les cantons de Grostenquin et de Sarralbe reposent sur les marnes irisées. A l'ouest de Metz, leur multiplicité, malgré la rareté des sources, tient au développement considérable de l'argile du Bradfordclay ; dans l'arrondissement de Thionville il n'y a pas 20 hectares d'étangs. Les poissons que l'on pêche dans tous ces réservoirs, y sont amenés par les ruisseaux qui les traversent et surtout par l'alevin qu'on y apporte. Cet alevin est ordinairement composé de Tanches et de Carpes, très-rarement de poisson blanc ; toujours on y ajoute de la Perche et du Brochet, en petite quantité.

Comme on le voit, par ses nombreux cours d'eau et par le nombre considérable de ses étangs, le département de la Moselle a, au point de vue de la pêche et du commerce du poisson, une importance de premier ordre.

Aussi, y a-t-il lieu de s'étonner qu'aucun essai de pisciculture n'y ait pour ainsi dire encore été tenté. Dans le ruisseau de Châtel-Saint-Germain seulement, on a, vers 1846, remis des truites, apportées des environs de Longwy, pour remplacer celles qui en avaient complétement disparu depuis plusieurs années; elles y ont très-bien réussi, car on y a depuis fait des pêches ayant produit parfois de dix à quinze kilogrammes de ce poisson. Ce premier essai aurait dû donner l'idée de faire d'autres tentatives, à l'est ou à l'ouest du département, où des eaux limpides et froides nourrissent cette précieuse espèce. Ici, bien entendu, il ne s'agit pas de faire entrevoir les résultats fabuleux promis, dès le début de la résurrection de la pisciculture, par des personnes plus pénétrées de bonnes intentions qu'instruites des conditions naturelles nécessaires à la conservation et à la propagation des poissons carnassiers. Ce bruit intéressé, ces promesses exagérées que nous retrouvons chez nous, chaque fois que quelque chose de nouveau paraît à l'horizon, ont amené bien des mécomptes et découragé bien des entreprises. Si le repeuplement de nos rivières est un problème difficile à résoudre, il est cependant loin d'être insoluble; mais, en pisciculture pas plus qu'ailleurs, on ne fera pas de récoltes fructueuses tant qu'on restera en dehors des conditions nécessaires au développement de la vie animale.

Tout semble indiquer que la diminution progressive du poisson dans nos cours d'eau tient tout autant à la destruction du frai par les oiseaux aquatiques, par les anguilles, la navigation à vapeur, les changements subits et fréquents du niveau dans les petits cours d'eau, les barrages multipliés, les produits insalubres versés par l'industrie, etc., qu'à l'emploi d'engins trop destructeurs et à la multiplicité des espèces carnassières. Il y a déjà plus de cinq cents ans que l'on se plaint du dépeuplement de nos rivières, et si aujourd'hui le poisson a acquis une valeur cinq ou six fois plus considérable qu'aux siècles derniers, cela tient pour une large part, aux causes que nous venons d'énumérer, à l'augmentation du prix de la main-d'œuvre et surtout aussi à l'extension de la consommation du poisson par des classes qui, autrefois, mangeaient rarement de ces animaux. Ne serait-il donc pas opportun et utile de reprendre les tentatives faites ailleurs et de pratiquer la pisciculture sur des poissons herbivores plus faciles à nourrir artificiellement que la truite, croissant plus rapidement et surtout moins difficiles sous le rapport de la qualité des eaux.

## III.

Maintenant que j'ai exposé les diverses circonstances qui m'ont amené à m'occuper des poissons de notre pays, fait connaitre les éléments dont je me suis servi, ainsi que les conséquences scientifiques et pratiques qui en découlent, je veux encore, avant d'aborder l'énumération de nos diverses espèces, examiner une question qui bien souvent déjà a été agitée dans le sein de la Société d'Histoire naturelle de Metz, et qui au commencement de ce siècle, a produit dans les sciences naturelles une aussi grande sensation qu'en produisit, à la fin du siècle dernier, la destruction de la théorie du phlogistique. Seulement depuis Lavoisier, la chimie a fait son chemin, tandis que les idées de Lamarck, de Bory de Saint-Vincent et de Geoffroy Saint-Hilaire, sur la variabilité de l'espèce, commencent seulement à avoir droit de cité dans la science, dont elles ont été systématiquement repoussées pendant quarante ans, en France surtout, à cause de l'influence considérable qu'y ont acquise les doctrines de Cuvier sur ce sujet.

L'examen que j'ai fait d'un grand nombre de poissons, l'embarras dans lequel je me suis souvent trouvé pour rapporter à des types déterminés des individus ayant une physionomie ambiguë, des affinités incontestables avec plusieurs des espèces décrites par les auteurs, ont fait renaitre dans mon esprit des idées que l'étude des coléoptères m'a fait souvent considérer comme exactes ou au moins comme extrèmement probables. En 1856, j'avais une collection renfermant environ vingt-quatre mille espèces de coléoptères de tous pays ; et je sais parfaitement à quoi m'en tenir sur la valeur spécifique de beaucoup de ces insectes appartenant aux genres : *Cicindela, Carabus, Feronia, Homalota, Cantharis, Cetonia, Pimelia, Tentyria, Helops, Brachycerus, Cleonus, Dorcadion, Donacia, Chrysomela*, etc., etc., dont les espèces, très-nombreuses, sont souvent si difficiles à limiter, que les monographes les plus consciencieux avouent eux-mêmes l'impossibilité de le faire dans certains cas [1].

---

[1] En botanique les genres : *Equisetum, Poa, Carex, Aster, Stachys, Hypericum, Geranium, Viola, Ranunculus, Trifolium*, etc., présentent les mêmes difficultés.

Chez les poissons, l'acte de la fécondation se fait d'une manière analogue à celle des plantes diclines, c'est-à-dire par l'apport sur le frai ou sur le stigmate, de la laitance ou du pollen; apport instinctif chez les poissons, mais dû au hasard chez les plantes; dans l'un comme dans l'autre cas, il n'y a pas de rapports directs et nécessaires entre les deux sexes. Si l'on consulte les pêcheurs de profession qui, je le reconnais, sont en général étrangers aux notions d'histoire naturelle, sur les mœurs et sur les instincts des poissons, on rencontre souvent des observations fort justes mais plus souvent encore des idées fort étranges, et qui, acquises par tradition, ou appuyées sur de trompeuses apparences, sont néanmoins soutenues avec une persistance, une généralité et une énergie qui conduisent naturellement à en examiner sérieusement quelques-unes. Les idées de croisement et d'hybridité sont celles qui sont plus particulièrement dans ce cas. Or, dans les poissons les différences spécifiques sont, ainsi que je l'ai déjà dit, souvent fort difficiles à saisir. Les individus varient tellement que si l'on n'a pas à sa disposition les variations intermédiaires on est tenté d'en faire des espèces différentes. Il n'est donc pas étonnant de rencontrer une aussi grande confusion dans les idées sur les limites à assigner à quelques-unes de nos espèces les plus communes, vivant dans les eaux de la Seine comme dans celles du Wolga, dans le Rhin comme dans le Guadalquivir. La reproduction des poissons s'opère, du moins dans notre pays, en automne, pour les salmonides; au printemps, pour tous les autres. Il n'y a donc rien de si extraordinaire, ni de trop hardi, si l'on admet que, dans bien des cas, et la pisciculture nous démontre la possibilité de ce que j'avance, le frai d'un poisson soit, par hasard ou aberration d'instinct, fécondé par la laitance d'une espèce congénère. Sur les milliers de métis qui en résulteront, pourquoi n'y en aurait-il pas de féconds? Puisqu'on trouve, chez ces hybrides, des individus avec des ovaires, ou l'organe mâle rempli d'œufs ou de laitance. Pourquoi donc aussi, chez les poissons, ne pourrait-on pas créer, comme le font tous les jours nos horticulteurs avec certaines plantes, des variétés constantes, des races même, lesquelles, fécondes pendant une certaine période, produisent ces individus considérés et décrits comme espèces par les naturalistes, mais que l'instinct ou l'observation du pêcheur lui fait reconnaître pour des hybrides. Dans les genres Cyprin, Brême et Ablette, il y a tant d'espèces douteuses, tant de variétés, tant d'aspects différents qu'il est presqu'impossible de rencontrer deux naturalistes parfaitement d'accord sur la plupart d'entre elles.

Je constate ici que, pour les poissons et jusqu'à présent, les preuves de retour des hybrides au type, par dégénérescence ou atavisme, font complétement défaut, et que par conséquent, il y a, jusqu'à production d'expériences directes et suffisantes, autant de raison de soutenir l'opinion contraire, c'est-à-dire la fécondité permanente de certains hybrides. Tous les raisonnements sur ce sujet ne valent pas une seule expérience, et sous ce rapport, la disparition de quelques variétés, la conservation de quelques autres peuvent fournir des arguments à toutes les écoles. Mais il n'en est plus de même pour les produits artificiels qui tous les jours arrivent dans nos basses-cours, dans nos jardins, dans nos serres, qui s'y propagent comme les types dont ils proviennent, et constituent ce que l'on a nommé des races dont la définition rigoureuse n'est autre que celle de l'espèce, subterfuge qui permet de paraître garder ses convictions, tout en acceptant des résultats inconnus de ceux dont on défend la théorie. Ce sont ces considérations sur l'hybridité dans les poissons, qui m'ont conduit à faire des réserves sur la légitimité de plusieurs des espèces admises par M. Blanchard, lequel, je dois le reconnaître, s'est montré très-circonspect pour l'adoption de quelques types décrits comme espèces distinctes dans les ouvrages de Valenciennes, de Siebold et de Selys-Longchamp. La pisciculture et les aquariums permettront, sans aucun doute, d'étudier plus soigneusement toutes ces questions et, pour ma part, je suis convaincu que ce que l'on nomme le Darwinisme y recevra, plus peut-être que dans aucune autre branche de la zoologie, des éléments nouveaux de probabilité d'abord, de certitude ensuite.

## IV.

En brûlant mes vaisseaux et en me rangeant résolument parmi les disciples convaincus de Lamarck et de Bory de Saint-Vincent, je dois cependant apporter certaines restrictions et répondre à quelques objections faites, avec plus ou moins de justesse, par les partisans de la fixité de l'espèce. Après y avoir répondu de mon mieux, je ferai, à mon tour, quelques questions à nos adversaires, questions restées jusqu'ici sans réponse, ce qui a contribué à fixer mes idées sur ce sujet ; car il ne s'agit pas ici de se laisser séduire par l'originalité des conceptions ou par l'audace des conséquences.

La première objection que l'on fait aux Darwinistes est plutôt philosophique que physiologique ; elle consiste à reprocher aux partisans de la variabilité de l'espèce de vouloir déplacer la puissance créatrice, en donnant à l'homme ou au hasard le principal attribut de la divinité. Or, je le demande à tout être pensant et ayant quelque peu observé la nature, est-il possible de croire qu'il y ait plus de difficulté, qu'il faille faire un plus grand acte de puissance, pour créer une espèce de toute pièce, que pour permettre à une forme déterminée de modifier toujours ses organes de manière à pouvoir vivre dans des conditions atmosphériques ou climatériques continuellement variables? Il est certain que les animaux et les plantes de nos jours vivent dans des conditions extrêmement différentes de celles où vécurent ceux dont nous retrouvons les traces antédiluviennes ; si donc ceux-ci ne sont pas les ancêtres de ceux-là, pourquoi ces créations différentes destinées à disparaître pour être remplacées par des types nouveaux chaque fois qu'une révolution nouvelle s'accomplira à la surface de la terre? Prévoir ces changements, donner à l'organisme la puissance et l'élasticité nécessaires pour s'y adapter chaque fois, comme c'est du reste le cas le plus général, que ces changements se produisent d'une manière si insensible qu'il faut des milliers d'années pour les constater ; permettre aux types originaux d'avoir une lignée qui puisse vivre dans des climats plus froids, sous un soleil moins ardent, dans des eaux ou dans une atmosphère d'une composition chimique toute différente ; tout cela me paraît être la manifestation d'un génie aussi puissant que celui qui n'aurait créé une espèce que pour l'enfermer dans des limites dont elle ne pourrait sortir que pour disparaître.

Il est incontestable que nos espèces actuelles présentent des variations fréquentes dans la forme, la couleur, la taille, les habitudes même, et qu'en général, on peut dire que ces variations sont d'autant plus nombreuses, d'autant plus profondes que, toutes choses égales d'ailleurs, l'espèce appartient à un genre plus nombreux ou qu'elle occupe une aire géographique plus considérable. Pourquoi donc en est-il ainsi, si le Créateur n'a fait que des types immuables ? Si l'objection à laquelle je réponds est fondée, toutes les races, toutes les variétés, toutes les variations même que l'on trouve dans la nature, et que les partisans de la fixité de l'espèce sont bien obligés de reconnaître, sont autant de types créés et, par conséquent, autant d'espèces ; car il y a de ces races, de ces variétés et de ces variations qui sont connues depuis longtemps et se perpétuent naturellement. Mais alors que devient l'espèce ? Et comment expliquer l'existence de nos races d'animaux domestiques, celles de nos plantes fourragères ou d'ornement, qui résultent manifestement de l'intervention de l'homme dans leur production ? Un fait acquis, c'est qu'il existe un nombre considérable d'animaux et de plantes dont on ne retrouve plus que les débris ou les empreintes. Un autre fait également reconnu, c'est que les animaux antédiluviens sont d'autant plus différents de ceux qui vivent de nos jours, qu'en général, ils sont d'une époque plus reculée. Circonstances qui s'accordent on ne peut mieux avec notre théorie sur la variabilité des types primitifs; tandis que, selon vous, il faudrait en conclure que le Créateur, mécontent des formes précédentes, a modifié plusieurs fois le plan suivant lequel il voulait organiser la nature. En résumé sur ce point et pour moi : puissance d'évolution et conscience des besoins futurs des descendants; dans l'hypothèse contraire, création unique, immuable pour la forme, éphémère pour l'existence, dans ce cas, pas plus que dans l'autre, il est impossible de méconnaître l'intervention d'une puissance infinie.

La seconde objection qu'on nous oppose consiste à reprocher à notre théorie de conduire à celle des générations spontanées. Ce qui précède répond déjà d'une manière indirecte à cette supposition gratuite. Pour ma part, je n'ai jamais cru qu'il fût possible de faire quelque chose avec rien, et, par suite, de donner la vie, c'est-à-dire la puissance d'évolution et d'assimilation, à une réunion quelconque d'éléments entièrement inorganiques. J'ai suivi avec attention et le plus grand intérêt la belle lutte scientifique qui vient de se terminer, ou tout au moins de s'arrêter par les expériences de M. Pasteur. Si, instinctivement, j'ai toujours donné raison au savant professeur de l'École normale, j'ai néanmoins été très-heureux de voir enfin cette théorie des générations spontanées repoussée jusqu'aux dernières limites de la nature organisée et réduite de nouveau au silence. Les hétérogénistes eux-mêmes ne sont déjà plus d'accord sur l'ensemble des conditions nécessaires à la production de la nature organisée. Ainsi, en dernier lieu, il fallait, selon M. Pouchet, de l'eau, de l'air, de la chaleur, de l'électricité et aussi « les débris d'anciennes générations éteintes. » Pour M. Pennetier, il faut aux agents inorganiques précédents ajouter « à des circonstances favorables, un corps putrescible quelconque, quelle qu'en soit l'origine. » Mais, dirons-nous : vous faites une pétition de principes ; car d'où viennent ces débris organisés ? Où en sont les traces ? Qu'est-ce qu'une matière putrescible ? Difficultés nouvelles, tout aussi insolubles que celle que l'on veut éclairer. D'ailleurs qu'y a t-il de commun entre les idées de M. Pouchet sur la génération des animaux inférieurs et celle de M. Darwin sur la variabilité insensiblement progressive de quelques types, ou celle de M. Meunier sur la fécondité des hybrides dans certains cas ? Je ne vois aucune connexité entre ces diverses manières de voir et il me paraît évident que l'on peut être partisan de celle-ci sans croire à la possibilité de celle-là. Je comprends facilement qu'une molécule organisée, douée de la vie, puisse se modifier insensiblement dans certaines circonstances, mais mon esprit se refuse à admettre que de l'oxygène, de l'hydrogène et du carbone mis en présence puissent jamais produire le végétal le plus élémentaire que l'on puisse imaginer.

Il est un fait d'observation constant, c'est que l'usage des organes chez les animaux leur permet de prendre un développement qu'ils n'auraient pas atteint sans cette fonction active. Un changement progressif de climat, de nourriture, peut amener un changement d'habitudes ; celui-ci, à son tour, l'usage plus fréquent d'un organe, lequel se développera davantage et, les circonstances aidant, la modification deviendra héréditaire, pour augmenter encore et finalement donner, après des milliers de générations, un type tout à fait différent de celui dont nous sommes partis. De même dans les végétaux, certaines conditions de température, l'exposition à une lumière plus vive, l'humidité, la sécheresse, la nature du sol, etc., déterminent des variations très-considérables de forme, de structure, de villosité, de taille, etc.[1] Mais, remarquons bien qu'en même temps que certains organes prendront plus de développement, et ceci s'applique aux animaux comme aux végétaux, il pourra arriver que d'autres diminuent, s'atrophient ou disparaissent même tout à fait; phénomènes qui conduiront aussi à de nouveaux types bien différents de ceux dont nous venons d'expliquer la formation.

Puisque l'influence des agents extérieurs ne peut être niée, pourquoi donc ne pas admettre que ces circonstances, agissant pendant des siècles, et d'une manière si insensible, que les temps historiques ne peuvent accuser qu'une modification extrêmement faible, pourquoi, dis-je, ne pas admettre que ces altérations successives finissent par devenir héréditaires? Vous dites que l'homme

---

[1] Nous avons journellement des exemples qui prouvent que la plupart de ces modifications se propagent par les semis et peuvent, par conséquent, se fixer définitivement. Les monstruosités elles-mêmes sont dans ce cas, puisqu'il y a des fleurs doubles qui se propagent par semis, exemple : *Primula sinensis*, var. *Lucien Simon;* bien plus, le *Zinnia multiflora* produit deux espèces de graines, l'une qui donne le type simple de Linné, l'autre, de forme très-différente, et qui reproduit la monstruosité double!

n'existe sur la terre que depuis six mille ans, et cependant, quelle diversité dans les races humaines? Citez-moi donc, en zoologie ou en botanique, beaucoup d'espèces du même genre différant entre elles autant que le Nègre du Caucasien, autant que l'Arabe du Samoyède! Et pourtant, vous faites descendre toutes ces races d'une souche unique!

Il n'y a pas trente ans que nous sommes à peu près certains d'avoir une bonne analyse de l'air. Quel est donc le chimiste qui voudrait aujourd'hui assurer que les immenses foyers de toutes nos industries et la diminution croissante des forêts n'amèneront, au bout d'un certain temps, un changement dans la quantité de l'oxygène de l'atmosphère? Les fonctions de la respiration chez les plantes et surtout chez les animaux subiront donc à la longue une modification correspondante, et quel est le physiologiste qui pourra soutenir que l'organisme ne sera pas à son tour modifié dans l'appareil respiratoire, celui de la circulation, etc., etc. Changements qui, chez quelques animaux, pourront se traduire par des formes extérieures différentes?

J'ai vu souvent des pêcheurs indiquer, sans jamais se tromper, la rivière d'où provenaient les poissons que je leur montrais, sans que leur *facies* particulier parût différent à des yeux moins exercés. On ne saurait attribuer ces différences qu'à la nature des eaux, à leur température, à leur profondeur, ou aux habitudes particulières des poissons qui les habitent. Les mollusques, les insectes, les plantes présentent souvent, pour une même localité, des phénomènes analogues, attribués à l'altitude, à la nourriture plus ou moins abondante, à la nature du sol, etc.

La troisième objection est, de toutes, celle qui est la plus vulgaire. Elle consiste à dire que nous faisons descendre l'Homme du Maki, l'Aigle du Colibri, le Squale du Goujon, le Chêne de la Tulipe. Pris sous cette forme, le Darwinisme ne mériterait pas l'examen, et, quoique les idées les plus paradoxales puissent facilement trouver des adeptes, je doute que parmi les naturalistes sérieux, on se soit avisé de soutenir une semblable théorie. Ce sont pourtant là les croyances que l'on nous suppose, en donnant toutefois, par cette fin de non-recevoir et sans s'en douter, une preuve d'ignorance et de mauvaise foi ; car nulle part, ni dans Lamarck, ni dans Bory de Saint-Vincent, ni dans Geoffroy Saint-Hilaire, pas plus que dans Darwin, on ne trouve rien de pareil. Si pour détruire une théorie, il suffisait d'en exagérer les conséquences, je crois qu'il y en a beaucoup, même de celles qui passent pour les plus orthodoxes, qui ne pourraient résister à cette épreuve.

Dans toute théorie, les idées s'enchaînent et les conséquences les plus logiquement déduites peuvent paraître obscures ou fausses, si l'on vient à rompre la série des raisonnements ou celle des faits qui y conduisent. De ce que nous admettons que beaucoup de nos espèces d'aujourd'hui descendent, par des différences insensibles, et *non per saltus*, comme disait Linné, dans un autre ordre d'idées, des espèces antédiluviennes, de ce que nous croyons que beaucoup de nos espèces de Pigeons, de Cyprins, de Brêmes, d'Helix, de Carabus, de Carex ou de Mousses pourraient bien descendre d'espèces congénères dont nous ne retrouvons plus la trace, il ne faut pas nous croire assez peu de jugement pour que nous en tirions des conséquences aussi absurdes que celles dont on nous gratifie légèrement.

Tous ceux qui ont étudié la nature savent qu'il y a un plan général, uniforme dans toute la création ; ils admirent surtout la simplicité de ses lois et la faiblesse des moyens qui, avec le temps, lui permettent d'accomplir les magnifiques chefs-d'œuvres que nous avons sous les yeux. De ce qu'aujourd'hui les changements qui s'opèrent passent inaperçus, faut-il en conclure qu'aux époques géologiques, alors que toutes les circonstances que nous savons favoriser le développement des êtres organisés existaient au maximum d'intensité, les changements, les transformations dont nous parlons n'étaient ni plus actifs, ni plus rapides, ni plus fréquents ?

Pour bien préciser mes idées à ce sujet et ne donner lieu à aucune équivoque, voici comment, pour les poissons, par exemple, on peut, en partant d'un très-petit nombre de types, d'un seul même si l'on veut, arriver à la diversité que l'on observe aujourd'hui. Mais je rappellerai, auparavant, que chez les poissons, les caractères distinctifs des espèces sont en général tirés de la position relative et de la forme des nageoires, de la disposition des écailles, de la forme de l'opercule et des pièces accessoires, de la grandeur des appendices buccaux, du nombre ou de la disposition des dents palatines et pharyngiennes, de la couleur, etc. Or, tous ces organes sont précisément ceux qui varient le plus dans les espèces qui ont un habitat très-étendu ; ce sont aussi ceux sur lesquels les agents extérieurs peuvent plus directement exercer leur action modificatrice.

Prenons maintenant un poisson vivant dans la première mer habitable de notre globe; ce poisson en se multipliant va peu à peu se répandre sur une immense étendue de surface liquide, au nord, au midi, sur des fonds de natures diverses... etc., où il trouvera des conditions d'existence extrêmement variables et qui, par conséquent, ne tarderont pas à modifier ses habitudes, ses mœurs et par suite un ou plusieurs de ses organes. De là des variations, puis des variétés qui, gagnant de plus en plus en permanence et en intensité, finiront par constituer ce que nous appelons une espèce. Bientôt, et d'après les géologues c'est par milliers de siècles qu'il faut ici compter, une catastrophe arrive, la mer est divisée par les continents, certaines formes disparaissent, tandis que d'autres vont continuer à se perpétuer, si leurs conditions d'existence n'ont pas varié, ou bien elles vont commencer à subir une nouvelle série de modifications. Dans ces cataclysmes les variétés les plus éloignées peuvent être rapprochées, trouver cependant encore des conditions favorables à leur existence et donner ainsi naissance à une faune ichthyologique ayant avec la précédente des espèces communes, ou voisines, sur lesquelles les mêmes phénomènes vont se reproduire.

Continuez cette action pendant plusieurs révolutions successives, supprimez tous les poissons d'un océan ; et vous aurez ces faunes perdues dont nous ne retrouvons plus que les empreintes; tandis que ceux qui auront survécu ailleurs deviendront à leur tour l'origine d'une faune, différant de la première d'une manière plus ou moins prononcée, selon que les circonstances qui auront amené la variation des types auront été plus ou moins analogues. Rappelons enfin ce que nous avons dit de la formation et de la conservation des hybrides dans quelques cas, et nous aurons de nouveaux et très-nombreux éléments pour arriver à autant de formes spécifiques et génériques que l'on en connait aujourd'hui. Je fais remarquer ici une chose sur laquelle je reviendrai d'ailleurs plus loin avec plus d'insistance, c'est que tout ce qui précède ne veut, en aucune façon, dire que les poissons les plus récents sont aussi les plus compliqués, ou que ceux qui leur sont plus ou moins antérieurs ont une organisation plus simple.

Ainsi donc, sans invoquer d'autres phénomènes que ceux qui se passent sous mes yeux; sans conception que repoussent à la fois le bon sens et la raison, mais en recourant seulement aux longues périodes des temps géologiques, nous arrivons à comprendre la génèse des espèces que nous observons actuellement. Qu'on ajoute à ces phénomènes ceux qui peuvent résulter de la sélection naturelle et de la concurrence vitale, auxquels M. Darwin fait jouer un rôle peut-être trop considérable, et l'on pourra sans crainte d'athéisme adopter la croyance où je suis que beaucoup d'espèces de nos catalogues n'ont pas d'autre origine que celle que nous venons d'exposer. Les formes de transition, les passages d'un type à un autre sont déjà très-caractérisés dans un grand nombre d'animaux et de plantes vivant aujourd'hui. Les découvertes paléontologiques dont s'enrichit journellement la science, viennent de plus en plus combler ces *hiatus*, établir des traits d'union extrêmement remarquables entre des organisations jusqu'ici assez éloignées, non-seulement entre des espèces ou entre des genres, mais même entre des familles ou des ordres.

## V.

Maintenant que je crois avoir suffisamment repoussé les allégations et les fins de non recevoir que nous opposent les partisans de la fixité de l'espèce et posé les limites dans lesquelles j'entends demeurer, quant à présent du moins, je vais examiner quelques faits qu'on prétend nous opposer et faire quelques objections à nos adversaires, objections auxquelles je voudrais bien qu'il fût répondu par autre chose qu'une pétition de principe aussi persistante que peu variée. Et d'abord qu'entend-on par espèce? Citez-moi deux auteurs qui, sans se copier, en donnent une définition identique? Enfin quelle différence fait-on entre une espèce et une race, une race et une variété, entre celle-ci et une variation?

D'après le plus grand nombre des naturalistes on peut donner de l'espèce la formule suivante : si deux individus peuvent s'accoupler et donner des produits *indéfiniment* féconds, ils appartiennent à la même espèce. En botanique la formule varie un peu : tous les végétaux qui donnent des graines fertiles et qui produisent *indéfiniment* des sujets semblables aux parents, sont de la même espèce. De cette façon on n'est jamais embarrassé, car si nous présentons un hybride fécond on nous dit que c'est une espèce ; si deux plantes se croisent et donnent des graines fertiles, c'est qu'elles appartiennent encore à la même espèce, de sorte que dans les genres les mieux définis, avec les espèces en apparence les plus tranchées, il faudra encore essayer leur fécondité avec les voisines pour être bien certain qu'elles ne doivent pas être réunies ! A ces définitions je réponds : ouvrez vos catalogues et dites-moi si, sur dix vertébrés, cent articulés ou sur mille animaux inférieurs, vous connaissez plus d'une espèce sur laquelle vous ayez vérifié cette condition de fécondité permanente. Pour les plantes, cette proportion est encore bien moindre et pourtant c'est avec des connaissances si incomplètes que vous voulez nous imposer votre théorie !

Si les types spécifiques sont uniques et immuables, pourquoi admettez-vous l'existence de races qui s'en écartent plus ou moins ? Comment surtout expliquez-vous l'action de l'homme dans la production de la plupart de ces races ? Dites-nous enfin pourquoi vous ne pouvez vous mettre d'accord sur la valeur de ce que nous nommons les caractères du genre, de l'espèce, de la variété ? Il vous faut dans les animaux supérieurs des modifications profondes sus les organes essentiels pour constituer un type, tandis que dans les insectes ou dans les plantes, il vous suffit d'une strie sur une élytre, ou de quelques épines sur une tige pour que vous ajoutiez une espèce de plus à nos catalogues. Répondez de bonne foi et dites combien vous connaissez d'insectes, de mollusques, de plantes dont vous ayez suivi quatre ou cinq générations pour constater l'identité de leurs produits ? Je vais encore plus loin, et, en admettant avec vous qu'il doit en être ainsi dans l'immense majorité des cas, vous ne pouvez jamais être certains que *tous* les œufs, que *toutes* les graines, d'un même insecte ou d'une même plante, donnent des produits *tous* semblables entre eux. Vous prétendez cependant réfuter une partie de nos opinions, celle qui concerne l'hybridité, avec trois ou quatre générations observées sur le croisement des Daturas, des Pétunias, des Linaria, etc. Je dis même que ces expériences, que je déclare insuffisantes, sont, au contraire, favorables à la thèse que nous défendons; car ils prouvent que les changements obtenus par ces procédés sont beaucoup plus rares et beaucoup plus lents que vous nous le faites supposer; si en deux ou trois générations on pouvait obtenir des hybrides indéfiniment féconds, la faune et la flore terrestres seraient bouleversées à chaque instant. M. Darwin lui-même ne dit-il pas, au contraire, que ces changements sont si lents et si rares qu'ils sont très-difficiles à constater, et moi j'ajoute, impossibles même dans l'état actuel de nos connaissances graphiques et descriptives.

En 1862, l'Académie des sciences a mis au concours une question relative à l'hybridité des végétaux. MM. Godron et Naudin, deux partisans éclairés et convaincus de la fixité de l'espèce, ont répondu à l'appel, et leurs conclusions sont contradictoires; ce qui prouve combien les expériences faites jusqu'ici dans cet ordre d'idées sont insuffisantes pour résoudre le problème. Les variations désordonnées dont parle M. Naudin pour les Pétunias, seraient plutôt favorables à notre théorie, si, continuées plus longtemps, on leur appliquait la sélection naturelle de M. Darwin.

Dans cette question de la variabilité de l'espèce au moyen de l'hybridité, vous dites que toujours ces produits, quand ils sont féconds, finissent par disparaître, soit par dégénérescence, soit par atavisme. Sans nier complétement, ce que du reste les faits nous démontrent souvent, vos assertions à ce sujet, prouvez-nous qu'il en est toujours ainsi et que toutes vos races humaines, vos races de chiens, de chevaux, de moutons, etc , reviendront un jour au type primitif, sur lequel, d'ailleurs, je vous défie de vous mettre d'accord. Qui nous dit aussi que vos propres espèces ne sont pas des hybrides qui subissent le même sort? M. Decandolle, le fils de l'un des plus ardents champions de la fixité de l'espèce, ne dit-il pas que sur cent des espèces de chênes qui sont inscrites dans nos catalogues, il pourrait bien y en avoir quatre-vingt-dix à réunir aux autres comme n'en étant que des variétés!

On dit que ceux de nos animaux domestiques qui ont été transportés en Amérique, dans l'Océanie ou en Australie, et qui y ont repris la vie sauvage, s'y sont cependant propagés sans subir de variation. A cela, je réponds que ces animaux n'ont pas réussi partout et que dans les localités où ils se sont définitivement acclimatés, ils y ont formé des races tout à fait différentes de celles que nous possédons en Europe, d'où cependant ils proviennent. Exemples : les chevaux du Pérou et les poules de l'archipel de l'Océan Pacifique.

Vous nous dites encore que les animaux dont nous

parle l'antiquité et qui vivent aujourd'hui, sont identiques à leurs ancêtres d'il y a plusieurs milliers d'années, et que les graines des céréales retrouvées dans les monuments égyptiens reproduisent les mêmes plantes que celles que nous cultivons. Pour les animaux, comment pouvez-vous prouver ce que vous avancez, puisque les sculptures antiques qui les représentent, pas plus que les descriptions qui en ont été conservées, ne sont assez exactes pour nous faire apprécier les changements que trois, quatre ou cinq mille ans ont pu produire sur ces animaux. Nous vous répétons à chaque instant que dans cette question de la variabilité des formes par l'influence des milieux, variabilité générale ou partielle, nous nous appuyons constamment sur la longueur incontestée des périodes géologiques. Quant à la variabilité par hybridité, les faits nous donnent, au contraire, complétement raison, puisqu'il existe aujourd'hui des races d'animaux domestiques déjà fort anciennes, mais ayant néanmoins une existence historique relativement récente. Pour les quelques plantes que vous nous citez, nous répondrons tout simplement qu'elles appartiennent à la série de celles qui, ayant toujours trouvé les conditions nécessaires à leur développement, n'ont pas eu besoin de modifier leurs organes. D'ailleurs, on n'a pas encore prouvé que ce blé est identique au nôtre, dont le type varie avec les auteurs et qui, pour les monographes, présente un nombre très-considérable de races, de variétés, sous-variétés, etc., etc. Enfin, vous nous citez les herbiers de Tournefort, de Linné, d'Adanson ; les collections de Banks, de Fabricius, etc., qui présentent des plantes et des insectes semblables à ceux que nous trouvons de nos jours. Mais tout cela n'a pas deux cents ans d'existence, et cependant toutes ces collections présentent déjà des types sur lesquels, dans plusieurs cas, vous ne pouvez plus vous mettre d'accord, quand il s'agit d'y rapporter des espèces de nos jours !

Enfin, vous invoquez les écrits de Buffon et de Linné, qui n'ont pas mis en doute la fixité de l'espèce ; mais à l'époque où vivaient ces hommes de génie, la géologie était inconnue, et vous ne pouvez préjuger si ces immenses découvertes n'auraient pas produit dans leur esprit un changement à ce sujet. D'ailleurs, Buffon n'a défendu la fixité de l'espèce que pour la race humaine ; pour les animaux, il répète souvent, au contraire, qu'il n'y a que des individus dans la nature. Descartes avait certes une intelligence tout aussi vaste que celle de Cuvier ; pourquoi voulez-vous que ma raison qui, comme la vôtre, nous met en contradiction avec le premier sur l'histoire naturelle, soit forcée d'accepter sans contrôle les idées philosophiques du second sur le même sujet ? Moins que qui que ce soit, je puis être tenté de vouloir diminuer en rien le mérite des travaux de Cuvier sur la paléontologie ; cependant, il est bon de faire observer que le grand anatomiste a toujours nié l'existence du Singe fossile, et pourtant aujourd'hui, on en connaît plus de dix espèces parfaitement caractérisées. Plusieurs de ces espèces font même le passage entre des groupes actuels et qui, jusqu'ici, ne sont pas reliés entre eux par des espèces vivantes.

Enfin, les autorités scientifiques modernes, derrière

lesquelles vous abritez votre théorie, ne valent pas mieux pour moi que les noms que je puis leur opposer. D'ailleurs, croire à ceci parce qu'un tel a réfuté cela, n'est plus une raison suffisante aujourd'hui, surtout dans le domaine des sciences naturelles. Quel est donc l'homme éclairé qui maintenant peut se résigner à recevoir toutes faites, sans contrôle et sans examen, les opinions scientifiques qui peuvent lui servir dans ses études ?

On dit aussi que maintenant, comme à toutes les époques géologiques, on trouve à la fois des animaux et des plantes à tous les degrés de complication, ce qui ne serait pas, si les espèces allaient continuellement en se perfectionnant. Je ne crois ni au troisième œil ni à la mer de limonade, et je ne me charge pas ici d'expliquer, ni de défendre ce que l'on entend par perfectionnement des êtres organisés dans le sens qu'on y attache dans certaines écoles philosophiques. Pour moi tous les êtres de la nature sont parfaits puisqu'ils ont leur raison d'être et qu'ils y trouvent leur condition d'existence. Le seul perfectionnement dont je les crois susceptibles, consiste dans l'addition, la suppression ou la modification dans leurs organes, de manière que ceux-ci, plus compliqués ou plus simples, assurent la continuité de l'existence de la race dans les nouvelles conditions où ils seront placés par suite des changements incessants qui se produisent dans l'atmosphère, la chaleur terrestre, la lumière solaire, la composition des eaux, etc., etc.

Il n'est pas douteux aujourd'hui que la température de notre planète n'ait été autrefois incandescente ; nous continuons à subir le refroidissement général de notre système planétaire, et pourtant il serait impossible de dire de quelle fraction de degré la température moyenne de l'atmosphère, et celle du sol superficiel, ont baissé depuis les temps antiques. Pourquoi donc ne pas admettre une semblable lenteur dans l'accomplissement des phénomènes dont nous soutenons la production et l'influence sur la nature organisée? L'organisation des animaux inférieurs est si simple qu'elle peut facilement se plier à des changements de milieux et par conséquent résister, plus que toutes les autres, aux révolutions qui se sont accomplies à toutes les époques géologiques. Mais à mesure que ces époques se rapprochent de la nôtre, les mers, comme les continents, sont plus divisées, présentent des conditions plus variées de climat et permettent par conséquent à certaines formes d'arriver jusqu'à nous; tandis que beaucoup d'autres sont obligées de se modifier.

Il n'est donc pas étonnant de retrouver vivants des représentants de ces coquilles microscopiques, de ces Oursins, de ces Polypiers dont les amas prodigieux constituent des fractions considérables de notre sol. La théorie de la variabilité de l'espèce s'accorde donc parfaitement avec l'existence à tous les âges de ce que nous appelons les animaux et les végétaux inférieurs. Toutes les formes que nous connaissons, depuis le Vibrion jusqu'à l'Éléphant, depuis le Marchantia jusqu'au Noyer, subissent les influences, ou plutôt continuent à subir les influences extérieures. Chez les êtres organisés, pas plus que dans le reste de la nature, rien n'est immuable; tous se modifient, se transforment, avancent ou reculent, montent ou descendent en conservant seulement l'harmonie d'ensemble que le Créateur a voulu perpétuer. De même que l'on comprend la disparition d'espèces des autres époques géologiques, de même on peut concevoir que de nos jours il puisse se reformer des types disparus dans les cataclysmes précédents ; car rien ne s'oppose à ce que la forme d'un organe étant donnée, la nature ne puisse arri-arriver à l'exécuter par plusieurs voies différentes. La prétendue fixité que l'on dit exister aujourd'hui, tient uniquement à l'insuffisance de nos moyens d'observations, au défaut de connaissances exactes sur les animaux et sur les plantes d'autrefois, à des idées préconçues sur la création, et l'on est en droit de s'étonner du petit nombre d'expériences faites jusqu'ici pour réfuter la théorie de la variabilité, en présence surtout de celles qui, tous les jours, viennent la confirmer.

L'étude des Poissons de notre département, celle de la botanique et de l'entomologie que je poursuis depuis trente ans, n'ont fait que me confirmer dans cette manière de voir. Jamais il n'a été question de croire ni de soutenir des idées du genre de celles que nous voyons à tort attribuer aux Darwinistes. Ce que nous croyons, c'est que l'Aigle et le Faucon, la Perche et la Gremille, le Procruste et le Calosome, l'Orge et l'OEgilops, peuvent avoir eu pour parents un Oiseau, un Poisson, un Carabique ou une Graminée qui, ayant survécu à la dernière révolution géologique, ont produit les formes spécifiques qui figurent dans nos catalogues, en se modifiant de proche en proche et dans des directions différentes.

Il est évident que ce qui précède n'est pas compatible avec la définition de l'espèce telle que nous l'avons résumée d'après les idées de nos antagonistes. Les conséquences rigoureuses de notre théorie conduisent à dire, comme Buffon le pensait déjà, qu'il n'y a que des individus dans la nature. Mais comme les variations qui s'y produisent ne peuvent être appréciables dans le langage descriptif qu'après de longues périodes, il s'ensuit qu'il est toujours possible, indispensable même, de faire des genera, des synopsis, des monographies, des catalogues même, de manière à faire connaître l'ensemble des types qui vivent aujourd'hui et surtout à bien caractériser les formes actuelles. Il suffit pour cela de considérer l'espèce comme la réunion des individus qui ont entre eux le plus grand nombre de ressemblances ; si cette ressemblance n'existe que sur des organes d'une importance déterminée, les individus appartiendront au même genre ; si au contraire les différences sont de peu de valeur, les individus formeront une race, une variété, une variation.

En examinant les travaux monographiques qui se publient sur des groupes isolés de nos richesses animales ou végétales, on est frappé de voir le nombre des espèces augmenter à mesure que les explorations des voyageurs se multiplient, et aussi à mesure que les descriptions deviennent, je ne dirai pas plus exactes, mais plus minutieuses. Malgré cela cependant on éprouve des difficultés de plus en plus grandes pour y rapporter les individus que l'on examine, quand ceux-ci sont d'âge, de taille, de provenances différentes. En botanique et en entomologie surtout, on peut dire qu'il n'y a pas une seule espèce Linnéenne, ayant une patrie un peu étendue, qui n'ait donné lieu à la création de deux espèces pour celui-ci, trois pour celui-là, ou à des variétés plus nombreuses pour un autre. En serait-il de même, si l'on était d'accord sur ce que l'on entend par espèce?

Ces considérations me ramènent à ce que je disais plus haut : faites pendant cent ans seulement des expériences sur l'hybridité, sur la sélection naturelle, les influences de température, de milieux, etc., et alors, mais alors seulement, vous aurez des arguments sérieux pour combattre l'interprétation que nous donnons aux faits qui sont acquis à la science. Déjà l'un des partisans de la fixité de l'espèce, M. Lecoq, n'est-il pas amené par l'évidence de ces faits à dire « qu'il se produit continuellement des types nouveaux, des formes définies, stables, qui se dégagent par l'action du temps et la force de l'habitude. » Un autre, M. Naudin, dont nous avons combattu plus haut les tendances, ne dit-il pas « que des types primitifs, peu nombreux, doués d'une certaine plasticité et d'une flexibilité considérable, modifiés par la différence des milieux, ont produit toutes les formes que nous voyons aujourd'hui. » Qu'avons-nous dit qui soit si opposé à ces conclusions, qui n'y soit même tout à fait identique?

Ni fixité, ni perfectionnement, ni apogée, ni déclin dans l'organisation des animaux ou dans celle des végétaux ; mais, appropriation continuelle d'un, de plusieurs ou de tous les organes aux conditions manifestement variables des éléments ambiants, voilà les conclusions auxquelles nous conduisent l'observation de la nature aussi bien que la logique. Ce sont celles que, depuis plusieurs années, j'ai toujours soutenues devant vous! Ce sont aussi celles qui, dans ma conviction, prévaudront prochainement dans la philosophie des sciences naturelles!

## VI.

L'introduction qui précède a été lue à la Société d'Histoire naturelle de Metz, à la séance mensuelle du 7 novembre 1867. Elle n'a donné lieu à aucune réclamation de la part des membres présents. Quelques-uns, au contraire, m'ont promis des notes et des observations tendant à confirmer la théorie de la variabilité de l'espèce, et nos idées sur la genèse des animaux et des plantes vivant à l'époque actuelle. Dans la même séance, il m'a été remis, pour en rendre compte, le deuxième volume des travaux de la Société des Sciences naturelles de Rouen, dans lequel se trouvent plusieurs notes et mémoires, lus en 1866, dans le sein de cette Société, pour et contre le Darwinisme et la fixité de l'espèce.

J'avais l'intention de répondre immédiatement aux raisons que l'on nous oppose par des notes additionnelles et par des arguments non développés ci-dessus. Mais l'abondance des preuves que j'avais à produire, le temps nécessaire pour recueillir autour de moi tous les faits zoologiques, botaniques et géologiques qui abondent, eussent encore retardé l'impression des mémoires de notre Compagnie. D'autre part, faire un traité sur un semblable sujet, à propos de la variabilité de quelques espèces de poissons, n'eut pas été très-rationnel, car alors l'accessoire eut emporté le principal. Enfin, et cette dernière considération a fait cesser toute hésitation, ce travail élevé, de longue haleine, n'eut-il pas été trop au-dessus de mes faibles moyens?

Il est incontestable qu'une longue suite de générations et de plantes ont vécu avant l'époque géologique actuelle. Quelles sont les relations qui ont existé entre les organismes de ces différentes époques et ceux d'aujourd'hui? Questions mal comprises de tous ceux qui sont étrangers à l'étude des sciences naturelles, ou inutilement transportées par d'autres dans le domaine de la métaphysique et de la religion. Pour un naturaliste consciencieux, et, à défaut d'autre mérite, je revendique celui-ci, il s'agit uniquement de s'éclairer sur ce qui touche à l'existence de l'homme, à l'apparition des animaux et des plantes sur la terre, ainsi que sur leur mode de propagation à travers les cataclysmes dont notre planète a été plusieurs fois le théâtre avant les temps historiques. Que le maître s'appelle Lamarck ou Cuvier, Agassiz ou Darwin, nous cherchons tous la vérité, et, pour ma part, je voudrais que, de chaque côté, on ne passât pas systématiquement sous silence les faits qui peuvent gêner les conclusions trop absolues que chacun tire, peut-être avec trop d'empressement, en faveur de sa théorie, ou qui peuvent, suivant l'interprétation dont ils sont susceptibles, fournir des arguments aux partisans de l'idée contraire.

Nous ne sommes pas encore bien éloignés du temps où l'on n'aurait pas impunément écrit l'introduction qui précède, et, il n'y a pas cinquante ans, que les hommes remarquables qui soutinrent les premiers les idées de variabilité de l'espèce, n'excitèrent que la colère et le dédain.

Aujourd'hui, ces idées acquièrent tous les jours de nouveaux partisans, et, en présence des découvertes incessantes de l'anatomie comparée et de la paléontologie, nos contradicteurs eux-mêmes sont obligés d'abandonner une partie de leur terrain et de faire des concessions.

Si les expériences tentées jusqu'ici, peut-être avec trop d'idées préconçues, sur l'hybridité, n'ont pas été souvent en faveur de cette cause de la variabilité de l'espèce, n'oublions pas que, selon nous, ce moyen n'est que tout à fait secondaire. Je crois aussi qu'il est bon de faire observer à ce sujet que l'on a eu tort de faire toujours ces sortes d'expériences sur des animaux d'un organisme trop élevé, d'une fécondité trop restreinte et trop lente, comme le Cheval et l'Ane, le Chien et le Loup, le Bouc et la Brebis, etc., etc. Dans les végétaux, les résultats obtenus sur l'hybridité sont bien moins contestés. Pourquoi donc, en zoologie, ne pas se placer sur un terrain aussi propice en croisant des animaux d'une très-grande fécondité, comme les Poissons, les Batraciens, les Mollusques, les Insectes, les Crustacés, et toute cette immense quantité d'animaux inférieurs depuis l'Oursin jusqu'à l'Actinie et l'Alcyon ? Dans toutes ces classes, il n'est pas douteux qu'on arrive à des résultats tout différents de ceux sur lesquels on s'appuie si complaisamment depuis Buffon.

Une chose qui m'a toujours frappé, et que j'ai vainement cherché à m'expliquer jusqu'ici, c'est que sur quatre partisans de la fixité de l'espèce, il y en a toujours deux, et plus souvent encore trois, qui sont des botanistes. C'est pourtant dans les végétaux que l'on rencontre le plus grand nombre de variétés ou de variations, d'espèces douteuses ou mal définies, où enfin les hybrides sont plus faciles à obtenir et à conserver. Cette contradiction apparente ne tient-elle pas à ce qu'en zoologie, l'embryologie, l'anthropologie, la tératologie et surtout l'étude des transformations d'un grand nombre d'animaux articulés ou d'antozoaires, ont commencé à soulever le voile mystérieux qui nous cache encore les procédés employés par la nature pour transformer les organes ainsi que la mesure de l'influence des milieux et des circonstances extérieures sur la production de tous ces phénomènes.

Il est un fait reconnu par tous les naturalistes qui se sont, à des points de vue divers, occupés de ces questions, c'est que c'est parmi les animaux supérieurs, c'est-à-dire les vertébrés, et parmi ceux-ci, les mammifères, que les analogies et les passages de formes sont à toutes les époques géologiques le mieux caractérisés. Circonstance qui peut tenir uniquement à la quantité considérable d'animaux inférieurs à corps mou ou à charpente protectrice altérable qui ont existé autrefois, mais qui n'ont pu, comme les vertébrés, laisser de traces de leur existence.

Si les animaux supérieurs se prêtent difficilement à des expériences sur l'hybridité, cela tient à des causes parfaitement apppréciables et sur lesquelles je me propose de revenir plus tard. Toujours est-il que ce sont ceux qui, au contraire, sont, par la multiplicité des organes dont ils sont pourvus, beaucoup plus soumis aux influences des milieux, à celles des habitudes, etc., etc. Les sciences dont nous venons de parler sont nouvelles et ce sont les découvertes auxquelles elles ont donné lieu qui ont le plus contribué à relier les formes actuelles aux formes anciennes. De là, les idées de descendance, de filiation, de variabilité, de transformation, dont il s'agit maintenant de prouver l'existence, d'expliquer les causes par l'observation des faits et par des expériences souvent variées, souvent renouvelées.

Sans parti pris, comme sans préjugé, tâchons d'interpréter les faits que nous connaissons avec le secours de la raison et non avec les subtilités de la métaphysique. Si, comme je l'espère, je reprends un jour cette thèse avec tout le développement qu'elle comporte, ce sera avec les sentiments que je viens d'exprimer et le seul désir d'apporter mon bien faible concours au progrès de l'histoire naturelle, cette science intéressante qui, si elle ne guérit pas les plaies du cœur, aide du moins à les supporter.

Metz, le 15 novembre 1867.

J.-B. GÉHIN.

# RÉVISION DES POISSONS

QUI VIVENT DANS LES COURS D'EAU & DANS LES ÉTANGS

DU DÉPARTEMENT DE LA MOSELLE.

―――――✹―――――

1. — **Perca fluviatilis**, Linné, 1766.

*Perca fluviatilis*, Hollandre, 1836 ; *Faune de la Moselle*,
          page 236.
—    —    Fournel, 1836 ; *id.*, t. I, page 372.
—    —    Malherbe, 1854 ; *Statistique de la
          Moselle*, page 433.
—    —    Godron, 1862 ; *Zoologie de la Lor-
          raine*, page 24.
—    —    Blanchard, 1866 ; *Histoire naturelle
          des Poissons de France*, p. 130 ;
          fig. 7, 8, 9, 10 et 11 ; la fig. 12
          représente la tête de la Perche des
          Vosges.

*Perche commune : Hurlin*, dans les Vosges ; les Jeunes :
     *Perchettes*.

Ce poisson, justement estimé, est commun dans la Moselle,
dans l'Orne, l'Yron, l'Alzette et l'Eiche ; moins abondant dans
le Chiers, la Crusne, la Syre, le Rupt-de-Mad ; on le prend plus
rarement encore dans la Seille, la Sarre, les deux Nied, la
Bliese, le Schwole, etc. On le pêche également dans les étangs

d'Andrefang, de Mermette, de Raduise, de l'Hôpital, de Porcelette, de Creutzwald, et quelquefois dans la Rosselle, à Saint-Avold.

La Perche fraie du 1er avril au 15 mai, dans les eaux tranquilles; ses œufs, réunis en paquets, sont fixés aux plantes aquatiques. En ce moment les nageoires, surtout les ventrales, sont d'un rouge très-vif, et les bandes dorsales d'une couleur plus foncée. Elle est très-vorace, et vit ordinairement solitaire. En général, la perche aime les eaux froides et courantes. Sa forme, ainsi que sa couleur varient, indépendamment de l'époque de la fraie, selon la température et la vigueur du courant, la transparence et la profondeur des eaux dans lesquelles elle vit. Elle croît assez vite la première année, mais au delà de 40 à 45 centimètres, elle croît très-lentement. D'après les règlements, les pêcheurs doivent rejeter toutes celles dont la taille est au-dessous de quinze centimètres. Les plus grosses perches dépassent rarement le poids de 15 à 16 cents grammes; cependant il y a vingt années il n'était pas rare d'en prendre du poids de plus de 2 kilogrammes dans l'Eiche. Le prix de ce poisson varie de 1 fr. le kilogamme (Bouzonville) à 1 fr. 60 (Sierck), et 2 fr. ou 2f,50 (Metz, Briey, etc.).

Dans les lacs des Vosges (Gérardmer, Longemer, Retournemer, etc.) on trouve une perche ayant à la fois une forme générale et une coloration différentes de celles du type ordinaire; les pêcheurs de ces localités la considèrent comme étant une espèce particulière à laquelle ils ont donné le nom de *Hurlin*. Lors de la fonte des neiges et des débordements de ces lacs, le Hurlin descend dans la Moselle jusqu'à Charmes, Vézelise et même jusqu'à Metz où il est connu de quelques pêcheurs; malgré mes investigations je n'ai pu me procurer ce poisson que dans les Vosges.

La Perche se prend en toutes saisons, au filet et à la ligne amorcée d'un poisson vivant ou artificiel; c'est surtout de ce dernier appât que se servent les maraudeurs de rivière; en se plaçant au milieu des herbes aquatiques de la rive, ils font en très-peu de temps une récolte abondante.

## II. — **Acerina cernua**, Siebold, 1863[1].

*Perca cernua*, Linné, 1766.
*Acerina cernua*, Hollandre, 1836 ; *Faune de la Moselle*, page 236.
— — Fournel, 1836 ; *id.*, t. I, page 373.
*Acerina vulgaris*, Malherbe, 1854 ; *Statistique de la Moselle*, page 433.
— — Godron, 1862 ; *Zoologie de la Lorraine*, page 25.
*Acerina cernua*, Blanchard, 1866 ; *Histoire des Poissons de France*, p. 151 ; fig. 18, 19, 20, 21 et 22.

*Gremille, Gremeuille, Perche goujonnière.*

Ce poisson est très-commun dans la Nied, à Bouzonville. On le prend aussi abondamment, surtout au printemps et à l'automne, dans la Moselle, l'Orne, le Chiers, la Crusne, la Fensch ; il est plus rare dans la Seille et dans la Sarre ; plus rare encore dans les étangs. En avril et en mars, les Gremilles se réunissent en bandes pour frayer dans les mêmes lieux que la Perche. Pendant l'hiver, ce poisson très-vorace ne quitte pas les eaux profondes ; quoique d'une chair assez délicate il figure rarement sur nos marchés. Les plus grands individus ne dépassent pas la taille de vingt centimètres, c'est probablement pour cela et aussi parce que ses nageoires très-épineuses le rendent peu propre à servir d'appât, que les pêcheurs de profession le dédaignent. Selon M. Varnimont, la gremille est commune dans l'Alzette et surtout dans l'Atterte ; on la prend plus facilement quand il y a du vent, et, en général, quand on en prend il faut renoncer à pêcher aux autres poissons, ceux-ci ne mordant plus facilement à l'hameçon.

---

[1] *Acerina vulgaris*, Cuvier et Val.

### III. — **Cottus Gobio**, Linné, 1766.

*Cottus gobio*, Hollandre, 1836 ; *Faune de la Moselle*, page 237.
— — Fournel, 1836 ; *id.*, t. I, page 375.
— — Malherbe, 1854 ; *Statistique de la Moselle*, page 435.
— — Godron, 1862 ; *Zoologie de la Lorraine*, page 25.
— — Blanchard, 1866 ; *Histoire des Poissons de France*, page 161, figure 23.

*Chabot, — Vilain, — Chaca, — Gravelet, — Bavard, — Têtard, — Grosse-Tête, — Koppen, — Kaützenkopf.*

Ce petit poisson bien connu se trouve assez abondamment dans tous les petits affluents de la Moselle, depuis le Rupt-de-Mad jusqu'aux ruisseaux de Manderen et d'Apach. On le prend également dans le Chiers, dans la Crusne, dans les affluents de l'Orne, de la Seille, de la Sarre et de la Nied ; cependant il est assez rare dans ces dernières rivières probablement à cause de leur fond vaseux, car le Chabot se plaît surtout dans les eaux claires, courantes et peu profondes. Il se tient ordinairement sous les pierres ; pendant l'été il descend seulement dans les cours d'eau plus puissants. Rare dans les étangs, on le trouve quelquefois dans les ruisseaux qui les alimentent. Toutes choses égales d'ailleurs, les mâles ont généralement la tête plus grosse que les femelles. Le Chabot fraie en mars et en avril ; il est très-vorace et détruit beaucoup de frai et de jeunes poissons. Quoique la pêche au cordeau soit prohibée on la pratique encore, dans plusieurs localités, sur une large échelle ; c'est surtout avec le Chabot qu'on amorce cet engin destructeur. Enfin, ce poisson mord difficilement à la ligne, mais on le prend facilement à la main, au panier ou à la fourchette.

Peu estimé comme aliment, parce que la tête est amère, il

sert surtout d'appât pour la pêche du Brochet, du Chevaine et de l'Anguille ; cependant il figure assez souvent sur le marché de Longwy. Son poids varie de 15 à 20 grammes ; un individu pesant 30 grammes et mesurant 15 centimètres a été pris dans un affluent de l'Eiche, par M. Varnimont.

IV. — **Gasterosteus leiurus**, Cuvier et Val., 1829.

*Gasterosteus aculeatus*, var. A, Hollandre, 1836 ; *Faune de la Moselle*, page 237.
*Gasterosteus leiurus*, Fournel, 1836 ; *id.*, t. I, page 376.
*Gasterosteus trachurus*, Malherbe, 1854, *Statistique de la Moselle*, page 433.
*Gasterosteus leiurus*, Godron, 1862 ; *Zoologie de la Lorraine*, page 25.
— — Blanchard, 1866 ; *Histoire des Poissons de France*, page 225, figures 24, 32 et 33.

*Épinoche*, — *Épinoche à queue lisse*, — *Cordonnier*, — *Savetier*, — *Pingué*.

Ce poisson est extrêmement abondant dans la plupart des ruisseaux du département de la Moselle. Il est très-vorace et, comme le précédent, il détruit beaucoup de frai et de jeunes poissons.

Dans l'*Histoire des Poissons de France*, M. Blanchard, en faisant l'histoire des mœurs des Épinoches dit, à la page 185 : « N'ayant pu explorer moi-même tous les ruisseaux, toutes les mares, tous les étangs de la France, on le comprendra sans peine, j'incline très-fort à penser que plusieurs espèces d'Épinoches doivent m'avoir échappé. Aujourd'hui qu'il va être démontré de la manière la plus évidente que ces poissons n'appartiennent pas seulement à une ou deux espèces, leur recherche, partout où cette recherche n'a pas été complète, offrira un intérêt réel. C'est un avis bon à porter à la connaissance des zoologistes et des nombreux amis de la nature qui habitent les départements. » M'inspirant des conseils du maître et voulant, pour le département de la Moselle au moins, refaire une sorte de monographie du genre Épinoche, j'ai cherché à me procurer le plus grand nombre possible de ces poissons en les faisant pêcher dans tous les cours d'eau de notre département. J'ai eu, de cette façon, en ma possession plus de mille individus provenant de 32 localités différentes et de plus de 70 rivières, ruisseaux ou étangs. Ce n'est donc pas faute de matériaux, et je ne crois pas non plus faute de recherches, si je suis arrivé à ne pas croire avec M. Blanchard « que les Épinoches sont beaucoup plus nombreuses en espèces, en France même, qu'on ne l'a supposé jusqu'à présent. »

Être en désaccord avec le savant professeur du Muséum de Paris, n'est pas une petite affaire, aussi je me hâte d'indiquer les principales raisons qui me font croire que dans le genre Épinoche, comme dans les genres qui renferment des espèces répandues sur une grande aire géographique, les variations de forme, de grandeur, de coloration, etc., ne sont pas toujours suffisantes pour créer des espèces nouvelles. La Perche, l'Ablette, l'Anguille, ont offert à l'auteur des différences bien plus importantes que celles qui lui ont servi à séparer certaines espèces d'Épinoches et cependant il n'a pas hésité à réunir ces différentes variations aux types de Linné.

M. Blanchard décrit, dans son ouvrage, huit espèces d'épinoches et cinq espèces d'épinochettes ; il tire les caractères de de ces treize espèces d'abord du nombre des épines dorsales pour séparer les épinochettes des épinoches ; puis, pour caractériser celles-ci, il considère la forme des épines dorsales, celle des épines ventrales, le nombre et la forme des bandes de l'armure thoracique, la couleur, et enfin l'habitat. Après bien des études comparatives il m'a été impossible de trouver autre chose que deux espèces (une Épinoche et une Épinochette) dans les nombreux poissons de ce genre que j'ai recueillis dans les eaux du département de la Moselle ; mais il est facile de grouper toutes les épinoches en six groupes que je vais caractériser et dont les quatre principaux ont été représentés par notre habile graveur et collègue M. A. Bellevoye :

*A*. Individus des environs de Bitche. Tous ont, et cela d'une façon très-remarquable, la taille plus petite, la couleur plus foncée, les épines dorsales très-longues et denticulées, les plaques ventrales longues et étroites, et enfin, les épines ventrales fort longues et cambrées. Une particularité remarquable aussi, c'est que près de la moitié des individus ont quatre épines dorsales bien développées au lieu de deux. Les épinoches des environs de Rodmack et celles de Volmunster peuvent être rapportées à ce type, qui se rapproche des *G. Bailloni* et *G. argentatissimus* de M. Blanchard.

*B*. Individus des environs de Bouzonville, de Boulay, des Étangs, de Vigy, de Kédange, etc. Ils ont les 4e, 5e et 6e plaques de l'armure thoracique très-petites, tous les autres caractères rapprochent cette épinoche du *G. leiurus* des auteurs.

*C*. Individus pris dans la source des Bouillons, à Gorze, et dans les ruisseaux de Mance et de Vaux, n'ayant que 4 à 5 plaques à l'armure thoracique. Plusieurs de ces poissons ont en outre deux petites épines en avant de la nageoire dorsale (fig. 1).

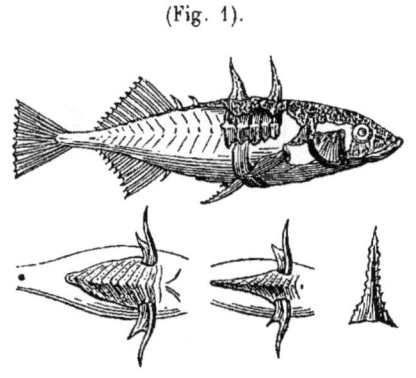

(Fig. 1).

*D*. Individus des environs de Sierck. Le corps est épais, la plaque ventrale très-développée, la couleur générale est moins foncée et la partie argentée beaucoup plus brillante; les

— 52 —

épines dorsales et ventrales sont proportionnellement plus épaisses. Par sa coloration cette variété se rapproche du *G. elegans* de M. Blanchard ; mais la forme des épines et des plaques la rapproche du *G. leiurus* type (fig. 2).

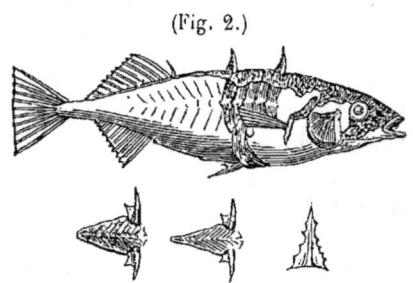

(Fig. 2.)

*E.* Individus des environs de Briey. Ils sont généralement d'une très-forte taille ; les épines dorsales sont longues, larges et très-fortement dentées. Les plaques de l'armure thoracique sont au nombre de 7, 8, 9 et même 10 et 11 chez quelques individus ; les épines ventrales sont longues et fortes. Cette épinoche fait, selon moi, le passage du *G. leiurus* au *G. semiarmatus* de Cuv. (f. 3).

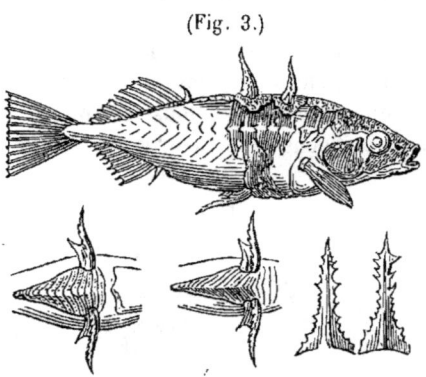

(Fig. 3.)

*F.* Enfin, dans ce dernier groupe viennent se placer des épinoches prises à Rodemack et à Mondorff ; elles sont caractérisées par une coloration plus foncée, des taches brunes plus grandes et plus rapprochées, l'armure thoracique bien développée et des épines dorsales presque lisses (fig 4).

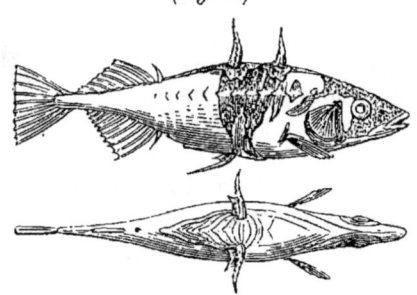

(Fig. 4.)

Sauf les épinoches des environs de Bitche et celles des environs de Briey, qui sont faciles à reconnaître entre toutes, on trouve presque tous les passages d'un type à un autre, et cependant, si on prenait les points extrêmes de deux de ces séries consécutives, on pourrait facilement en faire les types de deux espèces différentes. Dans toutes ces séries on trouve des individus dont le nombre des plaques thoraciques semble marquer le passage des espèces à ventre lisse *(leiurus, Bailloni, argentatissimus, elegans)* aux espèces à ventre plus ou moins complétement armé *(semi-armatus, semi-loricatus, neustrianus, leiurus)*; enfin, j'ai remarqué une très-grande variété dans le nombre des rayons des nageoires dorsales, ventrales et pectorales.

Dans la synonymie établie pour le *G. leiurus*, j'ai rapporté à cette espèce l'épinoche que Malherbe a cataloguée sous le nom spécifique de *G. trachurus*, parce que cette espèce, caractérisée par une série non interrompue de plaques transversales depuis le thorax jusqu'à la queue, ne me paraît pas exister dans notre département. Comme l'auteur de la *Statistique de la Moselle* ne signale qu'une espèce d'épinoche, il est évident que c'est de l'espèce la plus répandue qu'il a été question. Je crois, d'ailleurs, que notre regretté président n'a, comme Braut et souvent Fournel, fait que copier Hollandre dans bien des citations de son ouvrage.

### V. — **Gasterosteus aculeatus**, Linné, 1766 [1].

*Gasterosteus aculeatus*, var. *B*, Hollandre, 1836 ; *Faune de la Moselle*, page 237.
— — Godron, 1862 ; *Zoologie de la Lorraine*, page 25.
— — Blanchard, 1866 ; *Histoire des Poissons de France*, p. 214, f. 26, 27.

*Épinoche, — Épinoche aiguillonnée, — Cordonnier.*

[1] *Gasterosteus trachurus*, Cuvier.

Je crois que cette espèce doit être rayée du catalogue des poissons de la Moselle, 1° parce que je n'en ai pas trouvé un seul individu bien caractérisé; 2° parce que Hollandre dit que cette espèce a été prise dans la Rosselle, à Hombourg, par Altemayer; or, j'ai, au mois de juin 1867, exploré cette rivière de Saint-Avold à Hombourg; j'y ai encore fait pêcher plusieurs fois depuis, et toutes les épinoches qui ont été prises se rapportent aux variétés n'ayant que 7, 8 ou 9 plaques thoraciques; 3° enfin, parce que, selon M. Blanchard, l'épinoche aiguillonnée n'habite que les cours d'eau voisins de la Manche.

M. Godron, en copiant Hollandre, a reproduit l'erreur de celui-ci relativement à l'habitat de ce poisson.

### VI. — **Gasterosteus pungitius**, Linné, 1766.

*Gasterosteus pungitius*, Hollandre, 1836; *Faune de la Moselle*, page 238.

— — Malherbe, 1854; *Statistique de la Moselle*, page 433.

— — Godron, 1862; *Zoologie de la Lorraine*, page 25.

— — Blanchard, 1866; *Histoire naturelle des Poissons de France*, page 238, fig. 38 et 59.

*Épinochette,* — *Épinochette piquante.*

J'ai dit plus haut que j'avais fait pêcher des Épinoches, et encore plus attentivement des Épinochettes, dans presque tous les cours d'eau du département de la Moselle. Je n'ai pas reçu un seul poisson pouvant se rapporter au *G. pungitius* de Linné, limité comme l'a fait M. Blanchard, dans son ouvrage. Hollandre dit encore que ce poisson a été pris dans la Rosselle, près de Hombourg, par Altemayer; or, dans l'excursion faite, en 1867, par la Société d'Histoire naturelle de Metz, la Rosselle a été explorée à fond par plusieurs d'entre nous, depuis l'étang de Saint-Avold jusqu'aux usines de Hombourg, et, sur un millier d'épinoches recueillies, nous n'avons jamais rencontré autre chose que le *G. leiurus*, cité plus haut. Bien plus, depuis ces recherches, j'ai fait offrir une prime de 0f,50 pour chaque épinochette pêchée dans la Rosselle et je n'ai pas reçu un seul de ces poissons. Pour moi, il est hors de doute que Hollandre a été induit en erreur par son correspondant. Fournel ne parle pas de ce poisson dans sa *Faune*. Comme Malherbe et Godron ne paraissent n'avoir fait que copier notre savant et consciencieux auteur de la *Faune de la Moselle*, on est en droit de conclure que le *G. pungitius*, qui, selon M. Blanchard, ne se trouverait que dans le département du Nord, doit aussi être rayé du catalogue des poissons de la Moselle.

### VII. — **Gasterosteus lœvis**, Cuvier, 1829.

*Gasterosteus pungitius*, Hollandre, 1836; *Faune de la Moselle*, page 238.
*Gasterosteus lœvis*, Blanchard, *Histoire des Poissons de France*, page 242, fig. 25 et 41.

*Épinochette lisse.*

Ce poisson est le seul de la section des épinochettes qui m'ait été adressé par les nombreux correspondants qui ont bien voulu pêcher pour moi. C'est notre savant entomologiste et collègue, M. Félicien de Saulcy, qui en a pris un certain nombre dans les environs de Norroy-le-Sec, dans un petit ruisseau qui se jette dans l'Othain, lequel appartient au bassin de la Meuse. Tous ces poissons se ressemblent; ils se rapportent parfaitement au *G. lœvis* de Cuvier. C'est sur ce poisson qu'Hollandre a fait à tort, nous l'avons vu, sa description du *G. pungitius* à la suite de laquelle il ajoute : « Les exemplaires que j'ai sous les yeux et qui viennent de la Meuse à Verdun, d'où ils m'ont été envoyés par M. Lucas, n'ont point d'écailles sur les côtés du corps ni sur la carène de la queue; huit épines seulement sur le dos. C'est le *G. lœvis* de Cuvier. »

C'est bien là notre épinochette, pêchée dans la partie du département qui appartient au bassin de la Meuse. Une circonstance que je ne crois pas devoir passer sous silence, c'est que le ruisseau dans lequel on a pêché des épinochettes, n'a pas fourni une seule épinoche. Ces deux espèces s'excluent-elles réciproquement? S'il en était ainsi, cela expliquerait l'inutilité de mes recherches dans la Rosselle. Pour terminer, j'ajouterai que le nombre des épines dorsales n'est pas constant dans le *G. lœvis*, car on trouve des individus ayant 8, 9 et même 10 de ces épines.

### VIII. — **Pleuronectes flesus**, Linné, 1766 [1].

*Platessa flesus*, Hollandre, 1836; *Faune de la Moselle*, page 259.

*Pleuronectes flesus*, Blanchard, 1866; *Histoire naturelle des Poissons de France*, p. 267, fig. 50.

*Platessa flesus*, Malherbe, 1854; *Statistique de la Moselle*, page 438.

Plie, — Flet, — Picaud.

Poisson de mer, habitant la Manche et la mer du Nord d'où il remonte dans la Meuse, dans le Rhin, et de là dans la Moselle. En 1818, il en a été pris un individu à Metz, et en 1842 deux autres près de Trèves, en octobre, à l'embouchure de la Syre, par des pêcheurs de Rémiche.

[1] *Platessa flesus*, Cuvier.

## IX. — **Lota vulgaris**, Cuvier, 1829 [1].

*Lota vulgaris*, Hollandre, 1836 ; *Faune de la Moselle*, page 259.
— — Fournel, 1836 ; *id.*, t. I, page 408.
— — Malherbe, 1854 ; *Statistique de la Moselle*, page 438.
— — Godron, 1862 ; *Zoologie de la Lorraine*, page 28.
— — Blanchard, 1866 ; *Histoire des Poissons de France*, page 273, fig. 51.

*Lotte, — Lotte commune.* — Les jeunes individus sont quelquefois confondus avec l'espèce suivante et désignés à tort sous le nom de *Barbotte*.

Poisson très-estimé ; on le prend dans la Moselle lors des grandes crues du printemps, et il est probable que les individus qui sont pris, proviennent des lacs des Vosges où ce poisson n'est pas rare. On pêche aussi la Lotte, mais très-rarement dans l'Orne, le Chiers, la Crusne, et dans la Sarre entre Sarralbe et Sarreguemines. Elle fraie en décembre et en janvier ; ses œufs passent pour être purgatifs. Sa taille ordinaire est de trente à quarante centimètres ; on la vend sur le marché de Metz, de 2 fr. à 2f,50 le kilogramme.

## X. — **Cobitis barbatula**, Linné, 1766.

*Cobitis barbatula*, Hollandre, 1836 ; *Faune de la Moselle*, page 252.
— — Fournel, 1836 ; *id.*, t. I, p. 395.
— — Malherbe, 1854 ; *Statistique de la Moselle*, page 436.

---

[1] *Gadus lota*, Linné.

*Cobitis barbatula*, Godron, 1862 ; *Zoologie de la Lorraine*, page 26.
 —   — Blanchard, 1866 ; *Histoire des Poissons de France*, p. 280, fig. 52 et 53.
*Loche franche*, — *Barbotte*, — *Moteulle*, — *Moutoille*.

Poisson très-commun dans presque toutes les eaux du département, mais en général plus abondant dans les eaux vaseuses et peu courantes, comme la Seille, les deux Nied, la Sarre, le Rupt-de-Mad, etc., que dans celles à eaux vives, comme la Moselle, le Chiers, la Crusne, etc. Il fraie en mars et en avril, et c'est à ce moment qu'il est le plus facile à prendre. Depuis plusieurs années, ce poisson délicat ne figure plus sur les marchés de Metz, parce qu'il est moins abondant qu'autrefois dans la Moselle. On l'emploie surtout comme appât pour prendre d'autres poissons.

Dans le dictionnaire de Dorbigny, 1re édition, t. VII, page 420, on attribue deux barbillons seulement à la lèvre supérieure de la loche, il y en a quatre. M. Raillard (*Renseignements sommaires sur la pêche fluviatile dans la Moselle*, Metz, 1864) a commis une autre erreur en plaçant quatre barbillons à la *mâchoire* supérieure de la loche. Ce poisson a, en réalité, quatre barbillons à la lèvre supérieure et deux à la lèvre inférieure.

### XI. — **Cobitis tœnia**, Linné, 1766 [1].

*Cobitis spilura*, Hollandre, 1836 ; *Faune de la Moselle*,
   page, 253.
*Cobitis tœnia* Fournel, 1836 ; *id.*, t. I, page 395.
*Cobitis spilura*, Malherbe, 1854 ; *Statistique de la Moselle*, page 457.

---

[1] *Acanthopsis tœnia*, Agassiz.

*Cobitis spilura*, Godron, 1862; *Zoologie de la Lorraine*, page 27.
— — Blanchard, 1866; *Histoire des Poissons de France*, page 285, fig. 54.

*Loche de Rivière,* — *Satouille.*

Ce poisson, peu estimé, se prend dans la Moselle, dans la Seille, la Nied, la Sarre, l'Orne, etc., et dans beaucoup d'étangs; sa chair sent très-souvent la vase, aussi ne l'emploie-t-on que comme appât.

Hollandre, qui a décrit ce poisson, l'a rapporté à tort au *Cobitis spilura* de Carlier; le type qui a servi pour la description de la *Faune de la Moselle*, est au Musée de Metz, et il n'y a aucun doute à avoir sur son identité avec le *C. tænia* de Linné. Malherbe et M. Godron n'ont fait que reproduire cette erreur.

## XII. — **Cobitis fossilis**, Linné, 1766.

*Cobitis fossilis*, Fournel, 1836; *Faune de la Moselle*, t. I, page 596.
— — Godron, 1862; *Zoologie de la Lorraine*, page 27.
— — Blanchard, 1866; *Histoire des Poissons de France*, page 289, fig. 55 et 56.

*Loche des Étangs,* — *Misgurne.*

Petit poisson peu estimé, ne servant que comme appât; se trouve dans la Moselle, dans la Seille, dans la Sarre, dans les deux Nied et, quoi qu'en ait dit Fournel, dans un grand nombre d'étangs. Il est étonnant que cette loche, qui n'est pas rare, ait échappé à Hollandre. Une preuve que Malherbe n'a fait que copier cet auteur, c'est qu'il ne parle pas de ce poisson, malgré la description qu'en a faite Fournel, dix-huit ans auparavant.

## XIII. — **Gobio fluviatilis**, Valenciennes, 1842 [1].

*Cyprinus gobio*, Hollandre, 1836 ; *Faune de la Moselle*,
page 244.
— — Fournel, 1836 ; *id.*, t. I, page 385.
*Gobio vulgaris*, Malherbe, 1854 ; *Statistique de la Moselle*, page 434.
*Gobio fluviatilis*, Godron, 1863 ; *Zoologie de la Lorraine*,
page 25.
— — Blanchard, 1866 ; *Histoire des Poissons
de France*, p. 293, fig. 57, 58 et 59.

**Goujon.**

Poisson très-abondant dans la Moselle, ainsi que dans tous les petits ruisseaux qui s'y jettent. Il se trouve également dans la Seille, l'Orne, les deux Nied, la Fensch, la Sarre, l'Albe, la Bliese, la Rosselle, le Rupt-de-Mad, la Crusne où il est moins abondant que dans le Chiers, etc., enfin dans les étangs de Mermette, de Raduise, de l'Hôpital, de Creutzwald, etc., etc. La chair de ce poisson est très-estimée. Le Goujon se vend, selon les saisons, de 0f,80 à 1f,25 le kilogr. sur le marché de Metz ; à Briey, à Thionville et à Saint-Avold, on le vend quelquefois 0f,30 le kilogr.

D'après plusieurs pêcheurs, le Goujon fraie plusieurs fois pendant l'année, en mai et en juillet?? Ce poisson varie aussi beaucoup pour la couleur, et les pêcheurs distinguent : 1º le Goujon noir ou de gravier, c'est le plus commun ; il habite les eaux vives et courantes de la Moselle, ainsi que de ses petits affluents ; 2º le Goujon jaune ou de marais, qui se trouve dans les eaux vaseuses, les étangs, etc. ; 3º enfin, le Goujon bleu, caractérisé par sa coloration particulière ; cette variété bleue

---

[1] *Cyprinus gobio*, Linné. — *Leuciscus gobio*, Gunther.

est surtout très-abondante dans la Rosselle, près de Hombourg, tandis que dans l'étang d'Andrefang, d'où sort la Rosselle, on ne trouve que la variété jaune du Goujon.

Avant de terminer ce que j'avais à dire sur le Goujon, je dois encore rapporter une fable fort en vogue dans notre pays, et à la vérification de laquelle je ne suis pas encore parvenu, mais que je ne puis passer sous silence à cause de l'énergie avec laquelle elle est soutenue par un très-grand nombre de vieux pêcheurs. Si au mois de mai (au moment du frai) on examine les ovaires *d'un goujon bleu*, on trouve au milieu des œufs 4, 5 ou 6 petits *poissons* de deux à trois centimètres de longueur qui, selon eux, produisent l'Anguille!!! Nous verrons, à propos de ce poisson, quelles sont les raisons qui peuvent avoir donné créance à une pareille fable qui, cependant, justifie le dicton : *Pas de Goujon, pas d'Anguille*, qui a cours dans notre pays. Ces prétendues anguilles ne sont très-probablement que des filaires [1], vers intestinaux très-communs chez les poissons.

## XIV. — **Barbus fluviatilis**, Valenciennes, 1842 [2].

*Cyprinus barbus*, Hollandre, 1836; *Faune de la Moselle*, page 243.
— — Fournel, 1836; *id.*, t. I, page 384.
*Barbus communis*, Malherbe, 1854; *Statistique de la Moselle*, page 434.
*Barbus fluviatilis*, Godron 1862; *Zoologie de la Lorraine*, page 25.

---

[1] Le genre *filaria* renferme un grand nombre d'espèces vivant en parasites sur divers animaux. On rapporte généralement au *F. Piscium*. L., l'espèce qui se rencontre chez les poissons.

[2] *Cyprinus barbus*, Linné.

*Barbus fluviatilis*, Blanchard, 1866 ; *Histoire des Poissons de France*, page 302, fig. 60 et 61.

**Barbeau.** — Les jeunes individus : *Barbillons*.

Très-bon poisson quand il atteint une certaine taille. Commun dans la Moselle, dans la Sarre, la Seille, l'Orne, les deux Nied, la Bliese, la Swole, dans le Chiers au-dessous de Longuyon, la Fensch, etc. Le Barbeau atteint quelquefois des dimensions considérables, de 70 à 80 centimètres ; il pèse alors de deux à 3 kilogr., et se vend de 1f,50 à 2 fr. le kilogr. Il pond en avril ou mai, à l'époque de la floraison du colza ; cette coïncidence est constante dans le département de la Moselle. Ses œufs sont libres et dispersés sur les fonds graveleux des courants ; on leur attribue une action purgative. M. Varnimont a observé à Utzeldange, dans le pays de Luxembourg, un empoisonnement survenu après l'ingestion d'œufs du Barbeau pris au moment du frai. Quelquefois, paraît-il, le Barbeau pond une deuxième fois en juin ou juillet.

Les Barbillons se réunissent souvent en troupes nombreuses comme les Goujons. On prend le barbeau à la ligne de fond, au filet, et souvent à la main dans les trous placés sous les berges, près des chutes des moulins, etc., où ils se réunissent, pendant l'hiver surtout, en troupes nombreuses dont on peut prendre un à un tous les individus en employant des manœuvres bien connues de tous les braconniers de rivière. Les gros Barbeaux se prennent facilement au cordeau. En général, ce poisson mord plus aisément à la ligne quand le temps veut changer. Enfin, on le prend quelquefois accroché aux lignes ou aux filets par les dents du quatrième rayon de la nageoire dorsale.

Le Barbeau varie beaucoup pour la couleur, et par l'aspect des taches, la coloration générale, celle des nageoires, la forme du corps, celle de la tête, etc. ; les pêcheurs expérimentés d'une localité n'hésitent jamais pour dire dans quelles eaux a été pris un barbeau.

## XV. — **Tinca vulgaris**, Cuvier, 1828[1].

*Cyprinus tinca*, Hollandre, 1836 ; *Faune de la Moselle*, page 244.
— — Fournel, 1836 ; *id.*, t. I, page 386.
*Tinca vulgaris*, Malherbe, 1854; *Statistique de la Moselle*, page 435.
— — Godron, 1864 ; *Zoologie de la Lorraine*, page 25.
— — Blanchard, 1866 ; *Histoire des Poissons de France*, page 317, fig. 64.

*Tanche.*

Ce poisson ne se rencontre presque jamais dans les eaux courantes de la Moselle, on ne le pêche dans cette rivière que dans les bras-morts de Jouy, de Longeville, et, en aval de Metz, dans les mares qui bordent la Moselle, etc. On le trouve aussi dans la Nied allemande, dans la Seille, la Sarre, la Bliese, l'Orne, la Fensch, la Crusne, le Chiers, etc., et surtout dans les étangs où il grossit rapidement, mais où il prend souvent aussi un goût de marais très-prononcé. C'est ce qui explique les écarts considérables que l'on observe dans les prix de ce poisson sur nos marchés où il est coté de 1 à 2f,50 le kilogr., selon la provenance. La tanche fraie en mai et en juin, elle attache ses œufs aux plantes aquatiques. Sa couleur varie beaucoup selon la nature et la profondeur des eaux où elle vit. En général, on remarque que ce poisson est beaucoup moins répandu qu'autrefois.

---

[1] *Cyprinus tinca*, Linné.

## XVI. — **Cyprinus carpio**, Linné, 1766.

*Cyprinus carpio*, Hollandre, 1866 ; *Faune de la Moselle*, page 240.
— — Fournel, 1836 ; *id.*, t. I, page 379.
— — Malherbe, 1854 ; *Statistique de la Moselle*, page 434.
— — Godron, 1864 ; *Zoologie de la Lorraine*, page 25.
— — Blanchard, 1866 ; *Histoire des Poissons de France*, page 322, fig. 65.

*Carpe.*

Ce poisson très-commun sur tous les marchés du département, se pêche très-rarement dans les eaux courantes de nos rivières. C'est surtout dans les parties mortes, dans les eaux stagnantes et dans les étangs que la carpe se reproduit abondamment et où elle acquiert en peu de temps une taille assez considérable, surtout si on la nourrit avec du pain, des féverolles cuites, des résidus de brasserie, ou mieux encore, si on coule dans l'étang de petits barils remplis de glaise pétrie avec de l'orge, du pain de chènevis, et du son. La chair de la carpe de rivière est infiniment supérieure à celle de la carpe d'étang, elle vaut toujours 1$^f$,10 à 1$^f$,20 de plus par kilogr.; ces deux variétés sont d'ailleurs faciles à reconnaître, la Carpe de rivière est de couleur moins foncée et ses écailles sont d'un beau jaune doré, la Carpe d'étang est terne, verdâtre et beaucoup plus foncée en couleur. Ce poisson fraie en mai ou en juin, il fixe ses œufs aux pieds des plantes aquatiques dans les endroits calmes, chauds et à fond vaseux. Pendant l'hiver, la Carpe s'enfonce presqu'entièrement dans la vase.

En outre des variations de couleur que nous avons signalées plus haut, la Carpe présente encore assez souvent des anomalies de forme ou la soudure d'un plus ou moins grand nombre d'écailles. Ce sont ces variétés dont plusieurs ne sont qu'accidentelles, tandis que d'autres dépendent de l'âge du poisson, de la nature des eaux ou de l'abondance de la nourriture, que quelques naturalistes ont considérées comme des espèces particulières. Voici l'énumération de celles de ces variétés qui ont été observées dans notre département.

A. — Carpe à miroir [1].

*Cyprinus carpio,* var. B; Hollandre, 1836; *Faune de la Moselle,* page 240.
*Cyprinus specularis,* Fournel, 1836; *id.,* t. I, page 380.
*Cyprinus rex cyprinorum,* — — —
*Cyprinus carpio,* var. Malherbe, 1854; *Statistique de la Moselle,* page 434.
— — — Blanchard, *Histoire des Poissons de France,* page 330.

Dans cette variété, les écailles latérales sont soudées sur une plus ou moins grande étendue; dans la plupart des cas, ce sont les écailles elles-mêmes qui prennent des dimensions énormes tout en conservant leur structure particulière. Selon Malherbe et quelques pêcheurs, cette particularité est héréditaire, c'est donc une sorte de race. La carpe à miroir est rare dans notre département; on la prend dans la Nied et dans quelques étangs.

B. — Carpe à cuir [2].

*Cyprinus carpio,* var. Hollandre, 1836; *Faune de la Moselle,* page 240.
*Cyprinus coriaceus,* Fournel, 1836; *id.,* t. I, page 380.

Cette variété est dépourvue d'écailles, celles-ci se sont atrophiées ou sont tombées par maladie ou par accident; la peau a

[1] *Cyprinus rex cyprinorum,* Bloch. — *Cyprinus specularis,* Lacépède, — *Cyprinus macrolepidotus,* Meiden.

[2] *Cyprinus nudus,* Bloch. — *Cyprinus coriaceus,* — *Cyprinus alepidotus,* Lacépède.

pris alors un très-grand développement, changeant de consistance et de couleur elle ressemble à du cuir [1]. Cette variété est encore plus rare que la précédente.

C. — **Carpe bossue**[2].

*Cyprinus carpio*, var. Fournel, 1836; *Faune de la Moselle*, t. I, page 380.

Cette variété consiste dans le développement anormal, et souvent d'une façon très-considérable, de plusieurs des parties antéro-supérieures de l'animal, ce qui lui donne une certaine ressemblance avec les animaux marins du genre dauphin. C'est ordinairement à la suite de blessures reçues par le poisson au sortir de l'œuf ou dans son tout jeune âge que se produisent ces singulières déformations. On prend des Carpes bossues dans les étangs où on multiplie la Carpe, et quelquefois aussi dans la Seille et dans la Nied.

N. B. — Je viens de recevoir un Poisson, pêché au mois de novembre dernier dans l'étang de Vallerange (canton de Faulquemont), et qui présente les particularités suivantes :

Individu mâle, taille 0m,40, aspect général et coloration de la carpe ordinaire *(Cyprinus carpio)*, dos plus convexe, mais un peu moins que dans la carousche blanche *(Cyprin striatus)*; opercule plus fortement strié que dans la carpe, mais moins que dans la carousche. Nageoire dorsale avec 22 rayons, non compris les premiers qui sont dentés en scie mais moins profondément que dans la carpe. Toutes les nageoires ont une coloration brune uniforme sans trace de couleur rouge. Enfin, il n'y a que deux barbillons très-petits et grêles à la lèvre supérieure.

Comme on le voit, ce poisson tient à la fois de la carpe ordinaire par sa coloration et l'aspect général ; de la carousche

---

[1] Dans la plupart des individus il reste sur les flancs quelques écailles de dimensions variables mais toujours plus grandes qu'elles ne le sont dans l'état normal.

[2] *Cyprinus elatus*, Bonaparte.

blanche *(Cyprinus striatus)*, par l'opercule et la convexité du dos; et, enfin, de la carousche noire *(Cyprinopsis carassius)*, par la coloration des nageoires et la forme des écailles. Il s'éloigne de tous parce qu'il n'a que deux barbillons, il y a quatre de ces appendices chez la carpe et la carousche blanche tandis qu'ils font défaut chez le Carassin.

Au dire du pêcheur qui m'a donné ce poisson, il serait un métis de carpe et de carousche blanche. Je ne puis vérifier le fait et j'incline plutôt à croire que cet hybride (si hybridité il y a) est plutôt un produit de la Carpe et du Carassin.

## XVII. — **Cyprinus Kollari**, Heckel, 1836 [1].

*Cyprinus striatus*, Hollandre, 1836 ; *Faune de la Moselle*, page 242.
— — Malherbe, 1854 ; *Statistique de la Moselle*, page 434.
*Cyprinus Kollari*, Blanchard, 1866 ; *Histoire des Poissons de France*, page 331, fig. 66.
*Carpe de Kollar,* — *Carousche blanche.*

Ce poisson a été décrit, pour la première fois en 1836, par Heckel et par Hollandre; lequel des deux noms doit avoir la priorité ? Malgré mon désir d'adopter le nom de baptême reçu à Metz, j'ai dû me conformer aux précédents et mettre l'épithète de *striatus* en synonymie. La Carousche blanche se pêche dans les fossés du Fort-Moselle, et quelquefois aussi dans le bras-mort de la Moselle ; jamais elle n'a été prise dans les autres rivières de notre département. Autrefois elle était abondante dans l'étang de Belletanche où elle avait été introduite durant le siècle dernier par de l'alevin provenant des environs de Nancy. Les individus de l'étang de Belletanche restaient toujours assez petits et ils ont fini par disparaître.

---

[1] *Carpio Kollari*, Heckel.

Ce poisson est resté inconnu à Fournel et il est surprenant que M. Godron n'ait pas eu connaissance des renseignements qui précèdent et que je tiens de M. Clerx, propriétaire de Belletanche. D'après Hollandre, les Carousches de Belletanche différeraient un peu de celles des fossés du Fort-Moselle. Selon les pêcheurs de Metz, ce poisson est un métis de la Carpe et du Carassin, mais cette opinion est vivement combattue par M. Blanchard. Je dirai ici pour aider à élucider cette question que la Carousche blanche ne paraît jamais avoir frayé dans l'étang de Belletanche où se trouvaient des Carpes et des Carassins provenant aussi d'alevin des environs de Nancy. Ces Carassins s'étant développés et propagés ils ont bien pu féconder des œufs de Carpes, ou réciproquement des œufs de Carassins être fécondés par de la laitance de carpe et donner ainsi naissance à des métis présentant les deux formes indiquées par Hollandre.

### XVIII. — **Cyprinopsis carassius**, Fitzenger [1].

*Cyprinus carassius*, Hollandre, 1836; *Faune de la Moselle*, page 241.
— — Fournel, 1836; *id.*, t. I, p. 381.
— — Malherbe, 1854; *Statistique de la Moselle*, page 434.
— — Godron, 1862; *Zoologie de la Lorraine*, page 25.
*Cyprinopsis carassius*, Blanchard, 1866; *Histoire des Poissons de France*, page 336, fig. 67 et 68.

*Carrouche noire*, — *Carassin*, — *Hamburge*, — *Carouge*, — *Careau*, — *Carpe carassin*.

[1] *Cyprinus carassius*, Linné, — *Carassius vulgaris*, Heck.

Ce poisson n'a jamais été pris dans les rivières du département; on le prend souvent dans les fossés de la place et dans plusieurs étangs (Belletanche, Chény, Woippy, etc.) où il paraît avoir été introduit avec de l'alevin provenant du département de la Meurthe, le roi Stanislas ayant au siècle dernier introduit ce poisson dans les eaux de la Lorraine.

Le Carassin fraie en avril, sa chair est très-estimée, on en prend des individus de 25 à 30 centimètres de longueur. En 1867, M. Varnimont en a pris deux individus dans l'Alzette, près de Luxembourg.

### XIX. — **Cyprinopsis gibelio**, Blanchard, 1866 [1].

*Cyprinus gibelio*, Godron, 1862; *Zoologie de la Lorraine*, page 25.
*Cyprinopsis gibelio*, Blanchard, 1866; *Histoire des Poissons de France*, p. 340, fig. 69 et 70.

Gibèle.

Pour les pêcheurs de la Moselle auxquels ce poisson n'est pas inconnu, il n'est autre chose qu'un *Carassin* ou plutôt une *Carousche bâtarde*, comme quelques-uns l'appellent. M. Godron dit qu'on le pêche dans les fossés de Metz, ce qui est vrai; j'ajouterai que, comme le Carassin, on ne l'a jamais pris dans aucune rivière. Hollandre, Fournel et Malherbe ne paraissent pas l'avoir connu, peut-être parce que, comme nos pêcheurs, ils ne le considéraient que comme une simple variété de la Carousche.

N'est-on pas en droit de supposer que c'est ce poisson que Hollandre a rapporté à son *Cyprinus striatus* (*Cyprinus Kollari* du présent catalogue), quand il parle des individus du Fort-Moselle qui diffèrent de ceux de l'étang de Belletanche ? L'individu que j'ai comparé à la description donnée par M. Blanchard, était une femelle ayant 19 centimètres de longueur.

[1] *Cyprinus gibelio*, Bloch. — *Carassius gibelio*, Heck

## XX. — **Cyprinopsis auratus**, Blanchard, 1866 [1].

*Cyprinus auratus*, Fournel, 1836 ; *Faune de la Moselle*, t. I, page 382.

*Cyprinopsis auratus*, Blanchard, 1866 ; *Histoire des Poissons de France*, page 343, fig. 71.

*Cyprin doré, — Poisson rouge, — Dorade de la Chine, — Carpe dorée.*

Ce joli poisson est tellement acclimaté en Europe qu'on peut le considérer comme faisant partie de notre faune. Il se reproduit spontanément dans nos étangs, mais il ne tarde pas à y perdre ses magnifiques couleurs et souvent même il passe à l'albinisme ou au mélanisme plus ou moins complet. Le poisson rouge est très-fécond, il croise volontiers avec la Carpe. Les métis ressemblent à la Carpe, mais ils restent toujours petits, et leur chair n'est plus bonne qu'en friture. Ce poisson croise aussi avec le Carassin. En 1842, les cyprins dorés étaient devenus si abondants dans l'étang de Chény, que les Carpes qui y vivaient n'ont plus produit que des métis et qu'il a fallu vider l'étang et le mettre en culture pour le débarrasser de cette variété improductive [2]. Vers la même époque, quelques cyprins dorés, mis dans l'étang de Blanchard [3], s'y sont tellement multipliés, qu'en deux ans on a pu en vendre plusieurs milliers d'individus. Quoique la chair de ce poisson ne soit pas très-estimée, elle vaut encore mieux que celle de plusieurs poissons blancs, et sa grande fécondité pourrait être utilement exploitée.

---

[1] *Cyprinus auratus*, Linné.

[2] Ce mot doit s'entendre au point de vue de l'élevage du poisson, car ces métis étaient au contraire aussi féconds que leurs parents.

[3] Étang de Blanchard, canton de Vigy.

## XXI. — **Rhodeus amarus**, Agassiz, 1835 [1].

*Cyprinus amarus*, Hollandre, 1836 ; *Faune de la Moselle*, page 243.
— — Fournel, 1836 ; *id.*, t. I, page 383.
— — Malherbe, 1854 ; *Statistique de la Moselle*, page 434.
*Rhodeus amarus*, Godron, 1862 ; *Zoologie de la Lorraine*, page 26.
— — Blanchard, 1866 ; *Histoire des Poissons de France*, page 346, fig. 72.

*Bouvière,* — *Carpeau,* — *Péteuse,* — *Carpe de Vallières,* — *Bourguignon.*

Contrairement à l'opinion émise par Fournel, ce poisson est très-commun dans la Moselle, la Seille, le ruisseau de Vallières, le Rupt-de-Mad, l'Orne, la Sarre, etc. Il pond en avril, ses œufs sont gros et peu nombreux ; il devient quelquefois entièrement rouge à cette époque. De mauvaise qualité comme aliment, les pêcheurs le dédaignent même comme appât. Au moment du frai ce poisson est vraiment magnifique ; il est étonnant qu'il ne figure pas encore dans nos aquariums.

## XXII. — **Abramis brama**, Valenciennes, 1844 [2].

*Cyprinus abrama*, Hollandre, 1836 ; *Faune de la Moselle*, page 245.
*Cyprinus brama*, Fournel, 1836 ; *id.*, t. I, page 388.

---

[1] *Cyprinus amarus*, Bloch.
[2] *Cyprinus brama*, Linné.

*Abramis communis,* Malherbe, 1854; *Statistique de la Moselle,* page 435.

—    —    Godron, 1862; *Zoologie de la Lorraine,* page 26.

*Abramis brama,*    Blanchard, 1866; *Histoire des Poissons de France,* page 351, fig. 73.

*Brême, — Grande Brême, — Brême commune.*

Poisson abondant dans la Moselle, surtout dans les parties où le courant est peu sensible. C'est le meilleur des poissons blancs, il acquiert de 35 à 40 centimètres de longueur et le poids de 2 kilogr. La Brême fraie comme le barbeau et à la même époque. Dans les étangs elle acquiert souvent un goût désagréable. On pêche des brêmes dans la Seille, la Sarre, les deux Nied, l'Orne et la Fensch, elle est rare dans la Bliese et dans la Syre. On ne l'a pas encore rencontrée dans l'Alzette, dans le Chiers ni dans la Rosselle. Les pêcheurs disent que plus la brême a l'écaille fine plus elle peut devenir grosse. Les couleurs de la brême varient souvent, les nageoires surtout qui passent du rouge au noir.

XXIII. — **Abramis Gehini**, Blanchard, 1866.

*Cyprinus abrama??* Hollandre, 1836; *Faune de la Moselle,* page 245.

*Abramis Gehini,* Blanchard, 1866; *Histoire des Poissons de France,* page 355, fig. 74.

*Haute-Brême.*

Ce poisson, confondu jusqu'ici avec la Brême commune, est bien connu des pêcheurs de Metz, qui lui donnent le nom de Haute-Brême pour le distinguer de la Petite-Brême, comme le dit Hollandre. Ce poisson se pêche assez souvent dans les eaux mortes de la Moselle, notamment derrière Longeville d'où venaient les individus que j'ai envoyés à M. Blanchard. On en a pris plusieurs dont le poids dépassait 3 kilogrammes. Ce poisson est excellent, surtout quand il atteint cette taille. J'ai dit plus haut que la Brême commune varie beaucoup pour la forme et la couleur; plusieurs de ces variétés ont été décrites par Agassiz et par Valenciennes comme étant des espèces distinctes que M. Blanchard réunit à l'*Abramis brama;* peut-être conviendrait-il d'en faire autant de l'*Abramis Gehini ?* C'est pour faciliter la solution de cette question que je reproduis ici la description qu'en a donnée l'auteur de l'*Histoire des poissons de la France.*

« La forme du corps de la Brême de Géhin, observée de profil, est oblongue, son dos étant peu élevé et décrivant une légère courbe régulière. Toutes les parties supérieures sont d'un gris bleuâtre ardoisé, et le reste du corps d'un blanc argenté avec les écailles très-finement sablées de noir, ainsi que les joues et l'opercule. La tête est courte, comme chez la Brême commune, avec le museau un peu moins épais; l'opercule plus large vers son sommet, n'ayant presque pas d'échancrure au bord postérieur. Les écailles, au nombre de 52 sur la ligne latérale, sont encore plus courtes que chez la Brême commune, avec leurs canalicules en éventail en général moins nombreux.

» La nageoire dorsale est extrêmement haute, elle a neuf rayons rameux à la suite des rayons simples; la nageoire anale est aussi remarquablement haute, si nous la comparons à celle de la Brême commune; nous lui avons trouvé habituellement vingt-quatre rayons; les pectorales, les ventrales, et surtout la caudale, sont fort longues, et cette dimension de toutes les nageoires est ce qui contribue davantage à donner à la Brême de Géhin son aspect propre.

» Les dents pharingiennes diffèrent aussi de celles de l'espèce précédente, étant moins épaisses et terminées par un crochet recourbé bien plus prononcé. Les os pharyngiens eux-mêmes sont plus longs et plus grêles. » (Voyez Blanchard, pages 355 et 356 [1].)

---

[1] C'est à tort que Hollandre attribue le nom de **Haute-Brême** à la

## XXIV. — **Abramis Buggenhagii**,
Cuvier et V., 1828 [1].

*Abramis Buggenhagii*, Malherbe, 1854 ; *Statistique de la Moselle*, page 435.
— — Godron, 1862 ; *Zoologie de la Lorraine*, page 26.
— — Blanchard, 1866 ; *Histoire des Poissons de France*, page 357, fig. 75.

*Brême de Buggenhagen.*

Je n'ai pu me procurer un seul exemplaire de ce poisson ayant été pris dans les eaux de notre département. Sous le nom de *Abramidopsis Leuckartii*, M. de Sélys-Longchamp a décrit cette espèce, que l'on trouve dans la Meuse. Malherbe et Godron, et, d'après eux probablement M. Blanchard, indiquent la Moselle comme habitat de cette espèce, mais il y a là erreur, nos deux compatriotes ayant sans doute confondu cette espèce avec l'*Abramis abramo-rutilus* de Hollandre, qui en est tout différent. Si donc la Brême de Buggenhagen doit figurer dans nos catalogues, elle devra être considérée comme une espèce des plus rares.

---

Brême commune, qu'il décrit sous le nom de *Cyprinus abrama*, en la rapportant au type de Linné. La Haute-Brême de nos pêcheurs n'est pas du tout la Brême commune, et si ce poisson ne constitue pas une espèce particulière, c'est tout au moins une variété remarquable de l'espèce précédente.

[1] *Cyprinus Buggenhagii*, Bloch. — *Leuciscus Buggenhagii*, Valenciennes. — *Abramis Heckelii*, de Sélys-Longchamp. — *Abramis Leuckartii*, Siebold. — *Abramidopsis Leuckartii*, Siebold.

## XXV. — **Abramis Bjœrkna**,
Blanchard, 1866 [1].

*Cyprinus blicca et latus*, Hollandre, 1836 ; *Faune de la Moselle*, page 245.
— — Fournel, 1836 ; *Faune de la Moselle*, page 289, t. I.
*Abramis blicca et latus*, Malherbe, 1854 ; *Statistique de la Moselle*, page 435.
— — Godron, 1862 ; *Zoologie de la Lorraine*, page 26.
*Abramis Bjœrkna*, Blanchard, 1866 ; *Histoire des Poissons de France*, page 359, fig. 76.

*Bordelière*, — *Petite-Brême*, — *Salouze*, — *Hazelin*.

Ce poisson que plusieurs de nos pêcheurs nomment aussi *Gardon carpé*, parce qu'ils le considèrent comme un métis du Gardon *(Leuciscus rutilus)* et de la Carpe *(Cyprinus carpio)*, se pêche assez souvent en été dans les parties de la Moselle dont les eaux sont mortes ou peu courantes. On en a aussi pêché dans les étangs de Saint-Avold et de Bichewald. Poisson blanc peu estimé, dépassant rarement vingt centimètres de longueur.

---

[1] *Cyprinus Bjœrka*, Linné. — *Cyprinus blicca*, Bloch. — *Leuciscus blicca*, Valencienne. — *Blicca argyroleuca* et *Blicca laskyr*, Heckel. — *Blicca Bjœrkna*, Siebold.

## XXVI. — **Abramis abramo rutilus**,
Blanchard, 1866 [1].

*Cyprinus abramo rutilus*, Hollandre, 1836 ; *Faune de la Moselle*, page 246.
*Abramis Buggenhagii*, Malherbe, 1854 ; *Statistique de la Moselle*, page 435.
— — Godron, 1862 ; *Zoologie de la Lorraine*, page 26.
*Abramis abramo rutilus*, Blanchard, 1866 ; *Histoire des Poissons de France*, p. 366.

*Brême-Rosse.*

Ce poisson, décrit pour la première fois par Hollandre, est assez rare dans la Moselle. Malherbe et Godron l'ont rapporté à la *Brême de Buggenhagen*, avec laquelle il a en apparence quelque analogie. La description de M. Blanchard a été faite sur le type de Hollandre. Nos pêcheurs prétendent que ce poisson est un métis de la Brême (*Abramis brama*) avec la Rousse (*Leuciscus rutilus*). Hollandre lui-même dit que dans son jeune âge, la Brême-Rosse ressemble beaucoup au Spirlin (*Alburnus bipunctatus*). Fournel, qui connaissait beaucoup de pêcheurs et qui recevait d'eux un grand nombre de poissons, ne fait pas mention de celui-ci dans sa *Faune*; si donc c'est une espèce particulière, elle est très-rare dans la Moselle.

---

[1] *Abramis Buggenhagii*, de Sélys-Longchamp. — *Bliccopsis abramo rutilus*, Siebold.

## XXVII. — **Alburnus lucidus**, Heckel, 1858[1].

*Cyprinus alburnus*, Hollandre, 1836, *Faune de la Moselle*, page 249.
— — Fournel, 1836, *id.*, t. I, page 393.
*Leuciscus alburnus*, Malherbe, 1854, *Statistique de la Moselle*, page 435.
— — Godron, 1862, *Zoologie de la Lorraine*, page 26.
*Alburnus lucidus*, Blanchard, 1866, *Histoire des Poissons de France*, p. 364; fig. 78 et 79.

*Ablette.*

Poisson très-abondant dans la Moselle, dans les endroits où l'eau est peu profonde. Il voyage par bandes très-nombreuses, ce qui permet de le pêcher à la volée pour en prendre les écailles qui servent à la fabrication des fausses perles. Le poisson écaillé est vendu à vil prix (15 à 25 centimes le kilog.) et mangé en friture. On trouve l'Ablette dans la Seille, dans la Sarre, les deux Nied, l'Orne, la Bliese, le Schwole, le Chiers, la Crusne, etc., etc., et dans un grand nombre d'étangs, où elle sert de nourriture aux perches et aux brochets qu'on y entretient, non pour en tirer profit, mais pour donner la chasse aux carpes qui, naturellement paresseuses, s'envaseraient, prendraient un mauvais goût et peu d'accroissement. L'Ablette fraie en avril et en mai dans la Moselle, plus tard dans les étangs et dans les rivières de l'est du département. Elle est très-vorace, et détruit beaucoup de frai.

L'*Ablette-Brême* dont parle Hollandre n'est, d'après nos

---

[1] *Cyprinus alburnus*, Linné. — *Leuciscus alburnus*, Valenciennes.

pêcheurs, qu'un métis de l'Ablette (*Alburnus lucidus*) et de la grande Brême (*Abramis brama*) ; elle atteint quelquefois vingt centimètres de longueur. On la pêche souvent dans les fossés de la place et dans la Moselle. C'est à cette variété qu'il faut aussi rapporter le *Leuciscus alburnoides*, de Sélys-Longchamp, que Malherbe dit se trouver fréquemment dans la Moselle, en lui donnant pour synonyme le *Leuciscus aspius* d'Agassiz. M. Godron le cite dans son ouvrage, mais sans indiquer aucun de ceux de nos cours d'eau où il aurait été pris.

### XXVIII. — **Alburnus bipunctatus**, Heckel, 1858 [1].

*Cyprinus bipunctatus*, Hollandre, 1836, *Faune de la Moselle*, page 251.
— — Fournel, 1836, *id.*, t. I, p. 393.
*Leuciscus bipunctatus*, Malherbe, 1854, *Statistique de la Moselle*, page 435.
*Leucicus bipunctatus et Baldneri*, Godron, 1862, *Zoologie de la Lorraine*, page 26.
*Alburnus bipunctatus*, Blanchard, 1866, *Histoire des Poissons de France*, page 371, fig. 82.

*Spirlin,* — *Mézaigne,* — *Éperlan de Seine.*

Poisson semblable à l'ablette, mais ne devenant jamais aussi grand. Il est commun dans la Moselle, dans la Seille, la Sarre, l'Orne, et la Nied française ; dans toutes ces rivières il remonte plus haut que l'Ablette. On le pêche aussi pour en avoir les écailles ; le poisson dépouillé est vendu aux pêcheurs pour amorces.

---

[1] *Cyprinus bipuntatus*, Bloch. — *Leuciscus bipunctatus*, Valenciennes.

## XXIX. — **Alburnus dolabratus**, Siebold, 1863 [1].

*Cyprinus dolabratus*, Hollandre, 1836, *Faune de la Moselle*, page 250.

*Leuciscus dolabratus*, Malherbe, 1856, *Statistique de la Moselle*, page 433.

— — Godron, 1862, *Zoologie de la Lorraine*, page 26.

*Alburnus dolabratus*, Blanchard, 1866, *Histoire des Poissons de France*, page 375.

Hachette.

Ce poisson se prend dans la Moselle où il vit au milieu des ablettes (*Alburnus lucidus*), avec lesquelles on le confond facilement. La description qu'en donne M. Blanchard a été faite sur le type même de Hollandre. En 1864, M. Varnimont en a pris dans la Moselle, à Ehnen, au mois d'août. Selon nos pêcheurs, la Hachette est un métis de l'Ablette (*Alburnus lucidus*) et de la Vandoise (*Squalius leuciscus*); ils appuient cette opinion sur ce fait, presque constant, que, dans notre pays du moins, on ne trouve ce poisson qu'en compagnie des Ablettes ou des Vandoises.

## XXX. — **Scardinius erythrophthalmus**, Heckel, 1858 [1].

*Cyprinus erythrophthalmus*, Hollandre, 1836, *Faune de la Moselle*, page 249.

*Leuciscus erythrophthalmus*, Malherbe, 1854, *Statistique de la Moselle*, page 436.

---

[1] *Abramis dolabratus*, Gunther.

[2] *Cyprinus erythrophthalmus*, Linné. — *Leuciscus erythropthalmus*, Yarell.

*Leuciscus erythrophthalmus*, Godron, 1864, *Zoologie de la Lorraine*, page 26.

*Scardinius erythrophthalmus*, Blanchard, 1866, *Histoire des Poissons de France*, page 377, fig. 84 et 85.

*Rotengle,* — *Sarve,* — *Salougne.*

Ce poisson, que l'on confond souvent avec la Rosse *(Leuciscus rutilus),* n'est pas rare dans la Moselle. J'en ai vu des individus pris dans la Seille. On le pêche aussi dans quelques étangs. Comme la Petite-Brême *(Abramis Bjœrkna),* dont il diffère cependant beaucoup, nos pêcheurs le considèrent comme un métis de la Carpe *(Cyprinus carpio)* et du Gardon *(Leuciscus rutilus) ;* mais ici, ce sont les œufs du gardon qui sont fécondés par la laitance de Carpe, tandis que selon eux, c'est l'inverse qui a lieu dans le cas précédent. Pour d'autres, au contraire, le Rotengle *(Scardinius erythrophthalmus)* n'est qu'une Rosse *(Leuciscus rutilus)* batardée par la Brême *(Abramis abrama)* qui lui donne la forme élargie qui la caractérise. La couleur des yeux de ce poisson varie du jaune au rouge foncé selon l'âge et la nature des eaux : c'est cette particularité qui lui a valu son nom spécifique.

XXXI. — **Leuciscus rutilius**, Yarelle, 1836 [1].

*Cyprinus rutilus,* Hollandre, 1836 ; *Faune de la Moselle,* page 248.

— — Fournel, 1836 ; *id.,* t. I, page 391.

*Leuciscus rutilus,* Malherbe, 1854 ; *Statistique de la Moselle,* page 436.

[1] *Cyprinus rutilus,* Linné. — *Leuciscus rutilus,* Jarelle.

*Leuciscus rutilus*, Godron, 1862; *Zoologie de la Lorraine*, page 26.

— — Blanchard, 1866; *Histoire des Poissons de France*, p. 383, fig. 86 et 87.

*Gardon, — Rosse, — Rousse.* — Les jeunes individus : *Rousselles et Rossettes.*

Très-commun dans la Moselle. Se prend en toute saison, mais surtout en été. Il fraie en mai. On le trouve aussi dans la Seille, dans les deux Nied, l'Orne, la Crusne, la Sarre, la Bliese, le Rupt-de-Mad, l'Alzette, la Syre, l'Eiche et dans un grand nombre d'étangs. Il voyage par bandes qui se tiennent près de la surface.

Ce poisson varie beaucoup pour la couleur; Malherbe dit qu'en 1845, on en a pris dans la Seille un individu entièrement rouge. Dans la Meuse, certains individus sont d'un beau bleu sur le dos; c'est à cette variété qu'il faut rapporter le *Leuciscus Selysii* de Heckel, cité par M. Godron dans la *Zoologie de la Lorraine* ; cette coloration n'est pas inconnue de nos pêcheurs, mais je n'ai pu en voir un seul individu de cette variété provenant de notre département. Quelquefois c'est la forme de la tête qui varie et ce sont ces déformations qui ont donné les types des *Leuciscus Jezes* et *rutiloïdes* de M. de Sélys-Longchamp.

XXXII. — **Idus melanotus**, Heckel, 1858 [1].

*Leuciscus Idus*, Malherbe, 1854 ; *Statistique de la Moselle*, page 435.

— — Godron, 1862 ; *Zoologie de la Lorraine*, page 26.

---

[1] *Cyprinus Idus*, et *Jeses*, Linné. — *Leuciscus Jeses*, Valenciennes. — *Cyprinus orphus*, Linné (les jeunes individus). — *Leuciscus orphus*, Valenciennes.

*Idus melanotus*, Blanchard, 1866; *Histoire des Poissons de France*, page 389, fig. 89.

*Ide,* — *Ide mélanote.*

Ce poisson paraît très-rare dans la Moselle ; Malherbe dit qu'on en a pris un individu dans cette rivière en 1843. Hollandre ne l'a pas connu et c'est à tort que M. Godron cite cet auteur.

### XXXIII. — **Squalius cephalus**,
Siebold, 1863 [1].

*Cyprinus dobula*, Hollandre, 1836 ; *Faune de la Moselle*, page 247.
— — Fournel, 1836 ; *id.*, t. I, page 390.
*Leuciscus dobula*, Malherbe, 1854 ; *Statistique de la Moselle*, page 435.
— — Godron, 1862 ; *Zoologie de la Lorraine*, page 26.
*Squalius cephalus*, Blanchard, *Histoire des Poissons de France*, page 392, fig. 91 et 92.

*Chevenne* ou *Chevaine,* — *Meunier,* — *Dobule.*

Poisson très-commun dans presque toutes les rivières et dans les étangs du département ; on le trouve aussi dans les fossés de la place. Sa chair est peu estimée, cependant elle acquiert un goût, agréable, quand on a soin de vider le poisson aussitôt sa sortie de l'eau et de le saler. Le chevaine se plaît surtout dans les trous des petits cours d'eau, dans les endroits où il y a du remous comme près des chutes des moulins, etc. Il vit ordinairement isolé, et ce n'est qu'accidentellement qu'il se réunit en bandes. On le prend facilement à la

---

[1] *Cyprinus cephalus*, Linné. — *Cyprinus Idus*, Bloch. — *Leuciscus dobula*, Valenciennes. — *Squalius dobula*, Heckel.

ligne amorcée à la sauterelle, à la cerise, au raisin, au têtard, à la grenouille, etc., car il est très-vorace et omnivore ; les gros individus sont très-rapaces. Le Chevenne pond en mai et en juin dans les eaux vives et à fond de gravier; il atteint quelquefois le poids de 3 kilogr. C'est le plus abondant et le moins estimé de nos poissons blancs, son prix descend quelquefois à 0f,50 le kilogr.

### XXXIV. — Squalius leuciscus, Heckel, 1858 [1].

*Cyprinus leuciscus*, Hollandre, 1836 ; *Faune de la Moselle*, page 247.
— — Fournel, 1836 ; *id.*, t. I, p. 391.
*Leuciscus argenteus*, Malherbe, 1854 ; *Statistique de la Moselle*, page 435.
*Leuciscus vulgaris*, Godron, 1862 ; *Zoologie de la Lorraine*, page 26.
*Squalius leuciscus*, Blanchard, 1866 ; *Histoire des Poissons de France*, p. 401, fig. 96.

*Gravelet, — Vaudoise, — Dard, — Vandoise.*

Ce poisson se prend souvent dans la Moselle, pendant l'été. Quand il est jeune il se réunit en bandes, comme l'Ablette ; on le pêche quelquefois pour ses écailles, mais celles-ci sont moins estimées. Le Gravelet remonte plus haut que le Chevenne dans les petits cours d'eau, il se plaît sur les fonds sableux, nage très-vite et fraie en mai. C'est le meilleur poisson blanc de notre pays, malheureusement les plus gros ne dépassent guère 200 à 250 grammes.

La Vaudoise varie beaucoup, et ses variétés ont donné lieu à un assez grand nombre d'espèces nominales.

---

[1] *Cyprinus Leuciscus*, Linné. — *Leuciscus vulgaris*, Jarelle.

## XXXV. — **Phoxinus lœvis**,
de Selys-Lonchamp, 1850 [1].

*Cyprinus phoxinus*, Hollandre, 1836 ; *Faune de la Moselle*, page 251.

— — Fournel, 1836 ; *id.*, t. I, p. 394.

*Leuciscus phoxinus*, Malherbe, 1854 ; *Statistique de la Moselle*, page 436.

— — Godron, 1862 ; *Zoologie de la Lorraine*, page 26.

*Phoxinus lœvis*, Blanchard, 1866; *Histoire des Poissons de France*, page 410, fig. 100.

*Vairon*, — *Die pfrille*, en allemand.

Petit poisson de huit à dix centimètres de longueur ; très-commun dans presque tous les cours d'eau du département de la Moselle. On le mange en friture comme le goujon ; c'est un bon appât pour la Truite. Au moment du frai, il prend des couleurs magnifiques. M. le docteur Varnimont a publié, en 1866, dans les *Annales de la Société des Sciences naturelles de Luxembourg*, une charmante monographie de ce poisson. Je ne puis résister au désir d'en faire connaître, avec le consentement de l'auteur, la traduction de quelques passages :

« Pour bien étudier les mœurs de ce poisson, il convient de le faire dans l'Eische, qui, de tous les cours d'eau du pays de Luxembourg, est le plus favorable au développement de cette espèce. Ses ennemis y sont peu nombreux, car le Brochet y est rare, et la Truite en a presque complétement disparu depuis quinze ans ; les bords de cette rivière sont assez couverts de plantes pour que l'observateur puisse voir sans troubler l'objet de son attention. D'ailleurs dans les petits

---

[1] *Cyprinus phoxinus*, Linné. — *Cyprinus aphya*, Linné. — *Leuciscus phoxinus*, Valenciennes.

ruisseaux le manque fréquent d'eau empêche le Vairon d'y prendre tout le développement dont il est susceptible, et dans les rivières plus grandes, il ne tarde pas à disparaître à cause de la voracité des gros poissons.....

» Les auteurs qui se sont occupés des mœurs du Vairon, ne signalent que deux particularités ; c'est, d'une part, qu'il vit en troupes nombreuses et, d'autre part, c'est qu'on ne pêche presque jamais d'autre poisson quand on prend des Vairons au filet..... Gunther dit cependant avoir pris plusieurs espèces d'Ablettes avec le Vairon ; mais M. Varnimont attribue ce fait au hasard ou à l'appât d'une proie commune.....

» Le Vairon change souvent d'allure ; tantôt il nage lentement sur le fond du ruisseau, tantôt au contraire il s'élance avec impétuosité dans le courant de l'eau..... Les jeunes vivent ordinairement en bandes de quatre, cinq cents ou même mille individus. Ces bandes se tiennent de préférence le long des bords ou à l'ouverture des canaux d'irrigation..... Quand il fait du soleil, ils se réunissent en nombre considérable dans les endroits peu profonds où ils restent souvent immobiles pendant deux ou trois heures..... On peut alors en prendre jusqu'à trois mille individus d'un seul coup de filet..... Les bandes de jeunes Vairons ne se mêlent pas avec celles des vieux ; mais quelquefois on remarque quelques vieux individus dans les bandes de jeunes.

» Dans les rivières, les séjours favoris de ce poisson sont les digues des moulins où les flots se brisent en écume contre les pierres, entre lesquelles les jeunes Vairons nagent pour remonter le courant..... Dans les cours d'eau un peu forts, les bandes de Vairons quittent rarement leurs bords tranquilles..... Souvent on voit de vieux Vairons, ou d'autres parvenus aux deux tiers de leur accroissement, accompagner, pendant l'été, les bandes de Goujons pour profiter des larves aquatiques que ceux-ci détachent du sol, comme le font aussi les jeunes Barbeaux..... Cette habitude du Vairon de vivre en quelque sorte en parasite du Goujon, fait que souvent il s'élance sur l'hameçon du pêcheur et se fait ainsi prendre au lieu du Goujon qui, ayant vu le danger, laisse à l'imprudent la traitresse proie qu'on lui présente.....

» Pendant l'hiver, la plupart des Cyprinides se tiennent cachés dans la vase ou dans la profondeur des eaux ; du printemps à l'automne, les bandes de Vairons changent souvent de place ; ils ne marchent jamais de front, mais les uns derrière les autres et sans distinction d'âge ou de grandeur..... Souvent aussi on voit, en toute saison et à toute heure du jour, de vieux Vairons solitaires sur le fond de l'Eische, de la Mammer, etc., ou dans les biefs des moulins.....

» Lorsqu'il commence à faire chaud, vers le mois de juin, le Vairon éprouve le besoin de remonter les ruisseaux et les rivières en sautant souvent par dessus les obstacles que toute la bande franchit, quand l'un d'eux est parvenu à le faire. Cette habitude de remonter n'a rien de commun avec celle des Truites ou des Saumons, qui le font pour frayer, car on ne trouve, parmi ces bandes en voyage, aucun Vairon avec des signes extérieurs ou intérieurs indiquant une ponte prochaine ; d'ailleurs beaucoup des individus qui composent ces bandes ne sont même pas arrivés à l'état adulte..... M. Varnimont pense que, comme pour la Lamproie et l'Anguille, ce besoin de migration est causé par la nécessité de trouver des eaux plus fraîches et une nourriture plus abondante. En 1865, ces migrations commencèrent, au mois de juin, dans l'Eische, et durèrent jusqu'à la fin de juillet; les bandes apparaissaient vers dix heures du matin, elles étaient parfois si nombreuses que l'eau disparaissait et que l'on ne voyait plus que des Vairons..... Il est beau alors de les voir s'élancer à vingt ou trente centimètres pour franchir les obstacles qu'ils rencontrent, et cela avec autant de persévérance et d'ardeur que les Salmonides. La fraîcheur, l'ombre des peupliers et des aulnes, le bruit mélancolique des flots tombant de la digue, la solitude détestée des industriels, mais chère aux poètes, ont souvent dirigé mes pas vers ces bords chantés, l'an dernier, par Amélie Picard[1]. Je restais

---

[1] Poète belge, plusieurs fois couronnée par diverses académies.

là souvent pendant deux ou trois heures pour les voir aller et venir et franchir successivement les diverses chutes du canal des forges ; les plus grandes bandes que j'ai vues, pouvaient être composées de cinq à six mille individus.....

» Comme la plupart des poissons, le Vairon se tient à la surface de l'eau pendant les temps calmes et chauds, et dans le fond, pendant les temps froids ou orageux. Vers la Saint-Martin ils se retirent, comme la plupart des cyprinoïdes, sous les grosses pierres, sous les racines des arbres du littoral, dans les trous des berges, etc.....

» La résistance vitale de ce poisson est plus grande que ne le feraient supposer sa taille et sa constitution délicate..... Que l'on en juge par les faits suivants : Pendant les étés secs, la partie supérieure de la Leesbach est si faible, que d'une nappe d'eau à l'autre il n'y a plus qu'un mince filet, et bien que beaucoup d'eau de savon soit versée dans ce ruisseau, les Vairons ne paraissent pas en souffrir..... Les hommes compétents attribuent la diminution de la Truite et du poisson blanc, dans l'Erns blanche, au-dessous de Feltz, à des matières chimiques, surtout au chlorure de chaux que les fabricants y versent ; malgré cette corruption de l'eau, qui est bleue et colorée, les Vairons y ont encore été pris, en une seule pêche à la ligne, au nombre de soixante qui ont été emportés vivants dans une faible quantité d'eau à plus de cinq kilomètres..... »

Enfin, M. Varnimont cite encore une maladie assez commune chez ce poisson, laquelle consiste en ce que, dans l'Eiche, sur deux individus que l'on prend pendant l'été ou à l'automne, il y en a au moins un qui a la nageoire dorsale, souvent aussi l'anale, couverte de vers parasites. Lorsque ceux-ci sont nombreux et que leur action a duré quelque temps, la nageoire disparaît et est remplacée par une plaie plus ou moins profonde, sur les bords de laquelle se montre souvent une végétation cryptogamique blanchâtre. Les Vairons des autres cours d'eau, ou les autres poissons de l'Eiche ne présentent pas ce phénomène, ou du moins ne le présentent pas au même dégré..... « Les animaux sont des machines, dit le froid Descartes et son école, mais quelles ne sont pas les douleurs que supporte une *machine* de Vairon qui a cette maladie pendant des mois ou une année entière ! [1] »

### XXXVI. — **Chondrostoma nasus**,
Valenciennes, 1844 [2].

*Cyprinus nasus*, Hollandre, 1836 ; *Faune de la Moselle*,
    page 248.
—   — Fournel, 1836 ; *id.*, t. I, page 592.
*Leuciscus nasus*, Malherbe, 1854, *Statistique de la*
    *Moselle*, page 435.
*Chondrostoma nasus*, Godron, 1862 ; *Zoologie de la*
    *Lorraine*, page 26.
—   — Blanchard, 1866 ; *Histoire des*
    *Poissons de France*, page 414,
    fig. 101, 102 et 103.

*Aucon, — Nase, — Nez, — Chiffe, — Hotu.*

Poisson très-commun dans la Moselle et la plupart des rivières du département, mais particulièrement dans le Rupt-de-Mad. Il fraie en mai et souvent en avril, quand la température est convenable. C'est au moment de la fraie de ce poisson que les braconniers de rivière le pêchent au moyen d'une ligne montée avec douze à quinze hameçons, qu'ils lancent à l'eau et qu'ils retirent en raclant le fond. Les Aucons sont accrochés par le ventre, par le dos ou par toute autre partie du corps et retirés de l'eau. A cette époque il

---

[1] Die Thiere sind Maschinen, lehrt der frostige Carterius mit seiner schule. Aber was für schmerzen duldet nicht solche eine Pfellen maschine, da sie sich Monate, vielleicht ein Jahr lang mit einer groszen, frewenden wende herumchlappt!

[2] *Cyprinas nasus*, Linné. — *Cyprinus torostoma*, Vallot.

se réunit en bandes très-nombreuses, les individus se pressant les uns contre les autres probablement pour faciliter la ponte et la sortie de la laitance. Le Nase se plaît dans les eaux claires et à fond graveleux ; c'est un poisson de fond qui a l'habitude de nager souvent sur le côté, ce qui le fait facilement reconnaître. Il se prend à la ligne amorcée de ver rouge, de ver blanc, de boulette de pain, etc., surtout quand les eaux sont troubles, car lorsqu'elles sont transparentes ce poisson mord très-difficilement ; son alimentation favorite est la mucosité qui croît à la surface des pierres du fond. C'est l'un des poissons les meilleurs marchés et malgré cela il est si abondant que sa pêche est encore fructueuse.

L'Aucon varie beaucoup pour la couleur ; en 1849, on a pris dans la Seille un individu entièrement rouge.

### XXXVII. — **Thymallus vexillifer**,
Agassiz, 1843 [1].

*Salmo thymallus*, Hollandre, 1836; *Faune de la Moselle*, page 257.

*Thymallus vulgaris*, Fournel, 1836 ; id., t. I. p. 404.

*Thymallus communis*, Malherbe, 1854 ; *Statistique de la Moselle*, page 438.

*Thymallus vexillifer*, Godron, 1862 ; *Zoologie de la Lorraine*, p. 27.

—      —      Blanchard, 1866 ; *Histoire des Poissons de France*, page 437, fig. 113.

**Ombre.**

Poisson extrêmement rare dans la Moselle, inconnu dans tout l'est du département ; il se prend encore quelquefois dans

---

[1] *Salmo thymallus*, Linné. — *Thymallus gymnothora*, Gunth. — *Thymallus vulgaris*, Siebold.

la Crusne, dans le Chiers, l'Eiche, la Mamer, l'Ernz noire et la Wiltz (ces quatre dernières rivières du pays de Luxembourg). L'Ombre devient de plus en plus rare, les individus sont petits et se vendent de 3f,50 à 4 fr. le kilog. Les jeunes sont herbivores, les grands sont carnassiers. On le pêche à la ligne, en été, au crépuscule, et en automne toute la journée. Nos pêcheurs disent que l'Ombre est un métis de la Truite *(Trutta fario)* et de l'Aucon *(Chondrostoma nasus)*. Comme on le voit, cette idée de croisements fréquents chez les poissons est générale, persistante et revient presque à chaque grande coupe générique dont les premières espèces se lient aux dernières de la coupe précédente par des métis. Mais ici il y a manifestement erreur, car la Truite et l'Aucon ne fraient pas à la même époque de l'année.

### XXXVIII. — Salmo salvelinus, Linné, 1766 [1].

*Salmo umbla,* Hollandre, 1836; *Faune de la Moselle,* page 256.
*Salar umbla,* Malherbe, 1854; *Statistique de la Moselle,* page 438.
*Salmo umbla,* Godron, 1862; *Zoologie de la Lorraine,* page 27.
*Salmo salvelinus,* Blanchard, 1866; *Histoire des Poissons de France,* page 414, fig. 115.

*Omble chevalier.*

Ce poisson habite les lacs des Vosges, dans lesquels il n'est pas très-rare. En 1835 et en 1851, on en a pris un individu dans la Moselle près de Metz. On en prend assez souvent dans cette rivière dans la partie de son cours supérieur, jusqu'à l'embouchure de la Meurthe.

---

[1] *Salmo umbla,* Agassiz.

## XXXIX. — **Salmo salar**, Linné, 1766[1].

*Salmo hamatus*, Hollandre, 1856; *Faune de la Moselle*, page 255.
*Salmo salar* et *salmo hamatus*, Fournel, 1836; *Faune de la Moselle*, t. I, pages 400 et 401.
*Salmo salar* et *salmo hamatus*, Malherbe, 1854; *Statistique de la Moselle*, page 437.
*Salmo salmo*, *salmo hamatus* et *salmo ranatus*, Godron, 1862; *Zoologie de la Lorraine*, page 27.
*Salmo salar*, Blanchard, 1866, *Histoire des Poissons de France*, p. 448, fig. 116, 117, 118 et 119.

*Saumon.* — Le mâle : *Bécard* ; le jeune : *Renay*.

La variété qu'on pêche dans le Rhin, se nomme *Salmet*.

Ce poisson habite la mer, mais à l'automne, en novembre et en décembre, il remonte dans les rivières, pour y déposer ses œufs. Quelquefois on voit des individus pénétrer dans l'Oure, dans la Sarre et même dans l'Orne, mais seulement dans les mois de décembre ou de janvier, quand ces rivières sont débordées. C'est ordinairement au pied de la digue de Wadrineau qu'on le prend. En 1862, il en a été pris plus de 2,500 kilog. par les pêcheurs de Metz. Depuis cette année on n'en a pas pris 500 kilog. Voici comment on explique cette différence : le Saumon voyage par bandes de douze, quinze ou vingt individus en remontant le Rhin, ils rencontrent plusieurs rivières et la première qui reçoit une bande est celle qui, pour l'année, en recevra le plus grand nombre.

Arrivés au pied de la digue de Wadrineau, les Saumons étaient obligés de la franchir par des sauts (avant l'établissement de l'échelle que, d'après la dernière loi sur la pêche, on

---

[1] *Salmo salmo* (femelle) et *Salmo hamatus* (mâle), Valenciennes. — *Trutta salar*, Siebold.

vient d'établir à cette digue). Ceux qui parviennent à vaincre cet obstacle, remontent jusqu'à Épinal, quelquefois même jusqu'à Jarménil, au confluent de la Vologne et de la Moselle, où ils fraient dans les eaux vives et limpides de cette dernière. Alors les Saumons redescendent, mais quelquefois les eaux sont trop basses, c'est ce qui explique la présence de ces poissons dans les parties profondes de la rivière et en dehors des époques de la descente. Les jeunes Saumons portent, entre Charmes et Épinal, le nom de Renay ; on n'en pêche qu'au printemps. Hollandre parle de deux petits Saumons pris dans la Moselle en 1835 ; il est probable que c'était des Renays dont M. Godron, d'après Lacépède, a fait le *Salmo renatus*. Fournel a considéré le mâle du Saumon ou Bécard, et cela d'après Valenciennes, comme étant une espèce particulière (le *Salmo hamatus*). M. Godron a commis la même erreur.

Les jeunes Saumoms pêchés dans le Rhin portent le nom de *Smott* ou *Salmet*, c'est le *Salmo rhenensis* de Malherbe, espèce tout à fait nominale et dont il n'a pas seulement indiqué l'origine.

### XL. — **Trutta argentea**, Blanchard, 1866[1].

*Salmo trutta*, Hollandre, 1836 ; *Faune de la Moselle*, page 255.

*Salmo trutta salar*, Fournel, 1836 ; *id.*, t. I, p. 412.

*Salmo trutta*, Malherbe, 1854 ; *Statistique de la Moselle*, page 437.

*Salmo argenteus*, Godron, 1862 ; *Zoologie de la Lorraine*, page 27.

*Trutta argentea*, Blanchard, 1866 ; *Histoire des Poissons de France*, p. 468, fig. 121 et 122.

*Truite de mer*, — *Truite argentée*, — *Truite saumonée*.

---

[1] *Salmo trutta*, Linné. — *Fario argenteus*, Valenciennes. — *Trutta trutta*, Siebold.

Ce poisson se pêche quelquefois dans la Moselle et aussi dans le Chiers, qui est un affluent de la Meuse, dans laquelle on le prend plus fréquemment. M. Godron dit que la Truite saumonée se prend aussi dans le lac de Gérardmer. Ne serait-ce pas plutôt de la Truite des lacs dont il serait ici question *(Trutta lacustris)*? La Truite saumonée parvient souvent à une grande taille; on en a pris dans la Moselle, au-dessous de Metz, qui pesaient 5 kilog.

Ici encore nous retrouvons les mêmes idées de croisement. Pour nos pêcheurs de Moselle, la Truite saumonée n'est autre chose qu'un métis du Saumon *(Salmo salar)* et de la Truite ordinaire *(Salmo fario)*. Toujours est-il que, dans le jeune âge, les jeunes Truites saumonées ressemblent aux jeunes Truites ordinaires. Quant à la disposition des dents du Vomer, que M. Blanchard prend pour caractère différentiel de ces deux poissons, nous avons examiné un grand nombre de Vomers de jeunes Truites ordinaires, et nous n'y avons pas trouvé un arrangement assez uniforme ni assez constant des dents de cette partie pour attacher à ce caractère toute la valeur qu'y rapporte M. Blanchard. Une autre raison donnée par nos pêcheurs à l'appui de leur opinion, c'est que, disent-ils, les Truites saumonées sont plus abondantes dans la Moselle quand la montée des Saumons a été plus nombreuse et plus précoce. J'ajouterai que dans la Meuse, où il y a plus de Saumons, il y a aussi plus de Truites saumonées.

### XLI. — **Trutta fario**, Siebold, 1863 [1].

*Salmo fario*, Hollandre, 1836; *Faune de la Moselle*,
page 256.
*Salmo trutta*, Fournel, 1836; *id.*, t. I, page 403.
*Salar ausonii*, Malherbe, 1854; *Statistique de la Moselle*,
page 438.

---

[1] *Salmo fario*, Linné. — *Salar ausonii*, Valenciennes.

*Salmo fario*, Godron, 1862, *Zoologie de la Lorraine*, page 27.
*Trutta fario*, Blanchard, 1866, *Histoire des Poissons de France*, p. 472, fig. 123, 124 et 125.

*Truite commune.*

Cet excellent poisson se pêche rarement dans la Moselle, dans les limites de notre département. Les plus grands individus ne dépassent jamais le poids de 2 kilog. On trouve la Truite dans l'Orne, la Fensch, le Wagot, la Crusne, le Chiers, l'Othain, le Conroy, le Rawé, l'Yron, le ruisseau de Châtel, l'Eiche, l'Alterte, l'Ernz blanche et l'Ernz noire, dans le ruisseau de Montenache et d'Apach. A l'est du département, on ne pêche des Truites que dans l'Albe et dans quelques ruisseaux du canton de Bitche. A l'exception des Truites pêchées accidentellement dans la Moselle, toutes celles que l'on prend dans les ruisseaux que nous venons d'indiquer, sont de petites dimensions. La couleur de la Truite varie beaucoup; en général, elle est d'autant plus foncée que l'eau dans laquelle elle vit est plus vive et plus limpide; celles qui viennent des Vosges et du pays de Bitche, sont presque noires sur le dos.

La Truite pond, en novembre et en décembre, des œufs assez gros, qui ne sont pas agglutinés, et que la femelle dépose dans des sortes de petits réservoirs circonscrits par des cailloux rapprochés circulairement par les deux sexes.

Au moment d'imprimer ces lignes, je reçois de Charmes une lettre dont je reproduis le passage suivant : « J'ai remis à l'eau une Truite de deux à trois livres, car ce poisson n'est pas bon en ce moment, il fraie. A ce sujet, je doute que les auteurs de monographies sur ces poissons aient jamais vu une frayère comme il y en a dans notre cantonnement; figurez-vous une fosse de 8 à 9 mètres de longueur, de 1 à 2 mètres de large et de $0^m,60$ à $0^m,80$ de profondeur, creusée dans la grève qui forme le lit de la rivière. On assure que six à douze Truites de forte taille font une de ces fosses dans une ou deux nuits,

Jamais on n'a vu une aussi grande quantité de ces frayères que cette année, ce qui nous promet abondance, dans trois ans si la Moselle ne devient pas trop tumultueuse d'ici janvier ou février. »

XLII. — **Alosa vulgaris**, Valenciennes, 1847[1].

*Clupea alosa*, Hollandre, 1836; *Faune de la Moselle*, page 258.
— — Fournel, 1836, *id.*, t. I, page 406.
*Alosa vulgaris*, Malherbe, 1854; *Statistique de la Moselle*, page 438.
*Alausa vulgaris*, Godron, 1862; *Zoologie de la Lorraine*, page 27.
*Alosa vulgaris*, Blanchard, 1866; *Histoire des Poissons de France*, p. 480, fig. 126 et 127.

*Alose, — Poisson de mai.*

L'Alose est un poisson de mer qui remonte les rivières par bandes assez nombreuses. On en pêche tous les ans dans la Moselle, vers la fin d'avril et dans le courant du mois de mai, ainsi que dans les parties basses du cours de la Sarre et de la Syre. C'est entre Thionville et Sierck que la pêche en est la plus fructueuse, bien que devenue moins abondante depuis une vingtaine d'années. En 1867, l'Alose n'était pas rare sur le marché de Metz, où elle était vendue à raison de 1f,80 le kilog. les premiers individus, les derniers pêchés se donnent quelquefois pour rien. Ce poisson doit être mangé frais; il ne vit pas longtemps hors de l'eau; le séjour prolongé dans les eaux douces lui est également funeste; son dépérissement et sa mort prochaine sont accusés par la couleur verte des excréments qu'il rend quand on le pêche : dans ce cas les pêcheurs

---

[1] *Clupea alosa*, Linné. — *Alosa communis*, Jarelle.

le rejettent à l'eau. En 1823, 1824 et 1825, on en a pris de telles quantités dans la Moselle, qu'on les a vendus à 0f,60 la douzaine. En 1867, en six jours, un pêcheur de Metz en a pris environ 600 à la digue de Wadrineau.

### XLIII. — **Esox lucius**, Linné, 1766.

*Esox lucius*, Hollandre, 1836; *Faune de la Moselle*, page 254.
— — Fournel, 1836; *id.*, t. I, page 398.
— — Malherbe, 1854; *Statistique de la Moselle*, page 437.
— — Godron, 1862; *Zoologie de la Lorraine*, page 26.
— — Blanchard, 1856; *Histoire des Poissons de France*, page 483, fig. 128.

*Brochet.*

Poisson très-vorace, assez commun dans la Moselle, où il atteint quelquefois le poids de 8 à 10 kilog. et 80 à 90 centimètres de longueur. Le Brochet habite aussi dans la Seille, la Sarre, l'Orne, la Fensch, les deux Nied et même dans des ruisseaux comme le Rupt-de-Mad, le Wagot, etc. Il fraie au mois de mars ; ses œufs sont purgatifs, mais à un moindre degré que ceux du Barbeau. Il est d'une voracité heureusement inconnue chez les autres poissons de nos rivières ; c'est ordinairement entre dix heures du matin et quatre heures du soir qu'il chasse. On estime qu'un Brochet mange journellement son propre poids de poisson, et qu'un Brochet convenablement placé peut augmenter de 500 grammes par mois quand il a atteint l'âge de quatre ans. C'est pendant l'hiver que sa pêche est la plus fructueuse. Sa chair est en général estimée. C'est ici le lieu de faire observer que la plupart des poissons de notre pays dont la chair est délicate (la Perche, le Brochet, le Saumon, la

Truite, l'Anguille) sont des poissons carnassiers, tandis que parmi les mammifères, les herbivores sont ceux dont la chair est seule employée à l'alimentation, et cela de temps immémorial.

XLIV. — **Anguilla vulgaris**, Yarelle, 1836 [1].

*Murœna anguilla*, Hollandre, 1836; *Faune de la Moselle*, page 266.
— — Malherbe, 1854; *Statistique de la Moselle*, page 438.
— — Fournel, 1836; *id.*, t. I, p. 410.
— — Godron, 1862; *Zoologie de la Lorraine*, page 28.
*Anguilla vulgaris*, Blanchard, 1866; *Histoire des Poissons de France*, p. 491, fig. 129 et 131 (variété : *Anguilla mediorostris*, Bl.); fig. 130 (var., *Ang. latirostris*, Bl.); fig. 132 (var., *Ang. acutirostris*, Bl.).

*Anguille.*

Ce poisson se prend très-rarement dans la Moselle, dans les limites de notre département du moins, car plus haut, vers Pont-à-Mousson, on le prend facilement au cordeau ; plus commun dans la Seille, la Sarre, les deux Nied, le Rupt-de-Mad et dans presque tous les étangs. Il est très-vorace, détruit beaucoup de frai et d'alevin, ainsi que des écrevisses dont il est très-friand. Pendant l'hiver, il s'enfonce dans la vase et ne se pêche que très-rarement pendant cette saison. Pendant l'été, surtout au moment des orages, les Anguilles se réunissent sou-

[1] *Murœna anguilla*, Linné.

vent en paquets de dix à vingt individus dans les trous des ruisseaux, dans les biefs des moulins, etc.

Nous avons déjà eu occasion de parler de quelques-unes des idées répandues parmi les pêcheurs sur l'origine de ce poisson. Il est certain que l'histoire de l'Anguille est loin d'être connue. Un fait généralement avéré c'est que, quelle que soit l'époque de l'année, quels que soient son âge, sa taille ou sa provenance, jamais on ne trouve dans l'intérieur de l'animal ni ovaires garnis d'œufs ni laitance ! D'un autre côté, l'Anguille est un poisson presque sédentaire, il ne remonte presque jamais le courant ; au contraire, pendant la nuit il sort quelquefois hors de l'eau et voyage dans les prés. En automne et à l'approche de l'hiver, les unes s'enfoncent dans la vase d'où elles ne sortent que le bout du museau, tandis que les autres, entraînées par les grandes eaux de cette époque, sont *roulées* jusqu'à la mer où on ne les retrouve plus et d'où les anguilles ne paraissent plus revenir dans les eaux douces. Que deviennent-elles, quelle transformation subissent-elles, comment se produit ce que l'on nomme la montée d'Anguilles dont on trouve de si grandes quantités à l'embouchure des fleuves à la mer, mais dont on n'a jamais vu de traces dans nos rivières, où les plus petites anguilles observées jusqu'ici ont au moins vingt centimètres de long ?

Autres questions également à résoudre : Les animaux constituant la montée, sont-ils bien de petites Anguilles ? Comment cette montée, qui disparaît comme elle vient, presque subitement, remonte-t-elle nos rivières et nos ruisseaux sans qu'on en saisisse quelques individus dans les trajets de plusieurs centaines de kilomètres qu'ils font pour y arriver ? Comment se fait-il que des étangs, qui n'ont aucune communication avec la mer, se peuplent cependant d'Anguilles ? Puisque l'Anguille descend à la mer pour y pondre, à quelle époque se fait cette opération et quelles sont les transformations que doit subir ce poisson pour devenir adulte ? Puisque chez tous nos autres poissons on retrouve déjà les ovaires garnis d'œufs un ou deux mois après la ponte, comment se fait-il que l'Anguille, quelque grosse qu'elle soit, prise au moment où elle va à la mer, ne contienne ni œufs ni laitance? Enfin l'Anguille est-elle une larve ou un monstre?? Et alors revient l'histoire de la Lotte pondant des Anguilles; celle du Goujon bleu, etc., qui sont si enracinées dans la tête de nos pêcheurs.

Comme pour beaucoup de poissons, les couleurs de l'Anguille varient considérablement: elles passent du jaune-verdâtre au noir; la forme elle-même varie beaucoup, et c'est sur la forme de la tête que M. Blanchard a fondé les trois variétés citées plus haut en synonymes de l'*Anguilla vulgaris*.

### XLV. — Acipenser sturio, Linné, 1766.

*Acipenser sturio*, Hollandre, 1836; *Faune de la Moselle*, page 262.
— — Fournel, 1836; *id.*, t. I, p. 412.
— — Malherbe, 1854; *Statistique de la Moselle*, page 438.
— — Godron, 1862; *Zoologie de la Lorraine*, page 28.
— — Blanchard, 1866; *Histoire des Poissons de France*, page 505, fig. 133, 134 et 135.

*Esturgeon.*

Poisson de mer remontant les fleuves, au printemps, pour y frayer. Il est rare que les troupes d'esturgeons s'aventurent dans les petites rivières, et ce n'est que très-accidentellement que des individus isolés se perdent dans la Moselle. C'est ainsi qu'en 1795, on en a pris un au bas de la digue de la Pucelle, à Metz; un en 1813, dans le bras du quai Saint-Pierre; un en 1830, non à la pointe de l'île de Chambière, comme le dit Malherbe, mais plus bas entre Blettange et Ay, il pesait 60 kilog.; et en 1835, un individu près de Sierck, c'est celui qui figure au Musée de Metz, il pesait 100 kilog. Au siècle dernier, avant la construction du sas et de la digue de Wadrineau, les esturgeons remontaient encore plus haut dans la Moselle, et on en a pris entre Toul et Pont-à-Mousson. Tous les individus ont été pêchés au mois de mai ou d'avril. Maintenant on vend souvent de ce poisson en détail à la criée sur le marché de Metz, à raison de 2 fr. 40 le kilog.

### XLVI. — **Petromyzon marinus**, Linné, 1766.

*Petromyzon marinus*, Hollandre, 1856; *Faune de la Moselle*, page 263.
— — Fournel, 1836; *id.*, t. I, p. 415.
— — Malherbe, 1854; *Statistique de la Moselle*, page 438.
— — Godron, 1862; *Zoologie de la Lorraine*, page 28.
— — Blanchard, 1866; *Histoire des Poissons de France*, page 512, fig. 136 et 137.

*Grande Lamproie,* — *Lamproie de mer.*

Poisson de mer qui remonte souvent les fleuves aux mêmes époques que le Saumon et l'Alose. On en prend dans la Moselle jusqu'à Metz, dans la Sarre jusqu'à Sarrelouis et même Sarreguemines. A Echternach, on en a pris souvent en grande quantité. C'est un très-bon poisson atteignant souvent 1 mètre de longueur et se vendant à Metz, de 3f,50 à 4 fr. le kilog.

### XLVII. — **Petromyzon fluviatilis**, Linné, 1766.

*Petromyzon fluviatilis*, Hollandre, 1836; *Faune de la Moselle*, page 263.
— — Fournel, 1836; *id.*, t. I, p. 416.

*Petromyzon fluviatilis*, Malherbe, 1854 ; *Statistique de la Moselle*, page 438.
— — Godron, 1862 ; *Zoologie de la Lorraine*, page 28.
— — Blanchard, 1866 ; *Histoire des Poissons de France*, p. 515.

*Petite Lamproie*, — *Lamproie de rivière*, — *Sept OEil*, — *Pricca*.

Ce petit poisson n'est pas rare dans la Moselle, la Seille, la Sarre et la Nied allemande ; dans ces rivières on en trouve ayant 35 à 40 centimètres de longueur. Dans les autres cours d'eau, l'Alzette, l'Eische, l'Alterte, la Fensch, etc., il est ordinairement plus petit. Selon M. Godron, le *Lamproillon* serait la larve de la petite Lamproie ; c'est une erreur, le Lamproillon est l'une des formes par lesquelles passe le poisson suivant pour arriver à son état parfait.

### XLVIII. — **Petromyzon planeri**, Bloch, 1780.

*Ammocœtus branchialis*, Hollandre, 1836 ; *Faune de la Moselle*, page 264.
— — Fournel, 1836 ; *id.*, t. I, p. 418.
— — Malherbe, 1854 ; *Statistique de la Moselle*, page 439.
*Petromyzon planeri*, Godron, 1862 ; *Zoologie de la Lorraine*, page 28.
— — Blanchard, 1866 ; *Histoire des Poissons de France*, page 517, fig. 138, 139, 140, 141, 142, 143, 144, 145, 146, 147, 148 et 149.

*Lamprillon, — Lamproyon, — Suce-Pierre, — Civelle, — Chatouille, — Chatillon, — Satouille, — Sucet, — Ammocète.*

Ce petit poisson est très-remarquable à cause des nombreuses transformations qu'il subit avant d'arriver à l'état adulte. Il est très-commun dans la plupart des cours d'eau du département; on le trouve souvent par groupes de trente ou quarante individus fixés à la même pierre et ayant tous un mouvement oscillatoire uniforme. Ce n'est qu'à trois ans qu'il est en état de se reproduire ; il fraie en avril. Le Lamproyon n'est pas alimentaire dans notre pays où il sert d'appât pour la pêche à la ligne et au cordeau. Dans le nord de l'Europe, on le sale et on l'expédie en barils. D'après M. Varnimont, le mâle de cette espèce serait pourvu d'un appendice charnu ayant la place et la forme d'un petit pénis. Enfin, je tiens d'un pêcheur de Saint-Avold, que tous les ans, au mois d'avril, il apparaît des quantités considérables de ces poissons dans la Rosselle, d'où ils ne tardent pas à disparaître sans que l'on sache ce qu'ils deviennent.

## ERRATA.

Page 53, ligne 10, au lieu de : *leiurus*, lisez *aculeatus*;
Page 80, ligne 22, au lieu de : *rutilius*, lisez *rutilus*.

# TABLE ALPHABÉTIQUE
## DES MATIÈRES.

| | | | | |
|---|---|---|---|---|
| *Ablette.* | Pages 77 | ANGUILLA VULGARIS. | Pages | 97 |
| *Ablette-Brême.* | 77 | Anguilla acutirostris. | | 97 |
| *Ablette commune.* | 77 | — latirostris. | | 97 |
| — *hachette.* | 79 | — mediorostris. | | 97 |
| — *spirlin.* | 77 | *Anguille.* | | 97 |
| ABRAMIS ABRAMO RUTILUS | 76 | *Aucon.* | | 88 |
| — BJŒRKNA. | 75 | | | |
| — BRAMA. | 71, 72 | BARBUS FLUVIATILIS | | 61 |
| — BUGGENHAGII. | 74 | Barbus communis. | | 61 |
| — GEHINI. | 72 | *Barbeau.* | | 62 |
| Abramis abrama. | 72, 79 | *Barbillon.* | | 62 |
| — blicca. | 75 | *Barbotte.* | 57, | 58 |
| — Buggenhagii. | 76 | *Bavard.* | | 48 |
| — communis. | 72 | *Bécard.* | | 91 |
| — dolabratus. | 79 | Blicca argyroleuca | | 75 |
| — Heckelii. | 74 | — Bjœrkna. | | 75 |
| — latus. | 75 | — Laskyr. | | 75 |
| — Leuckartii. | 74 | Bliccopsis abramo-rutilus. | | 76 |
| Abramidopsis Leuckartii. | 74 | *Bordelière.* | | 75 |
| *Acanthopsis tœnia.* | 58 | *Bourguignon.* | | 71 |
| ACERINA CERNUA. | 47 | *Bouvière.* | | 71 |
| Acerina vulgaris. | 47 | *Brême.* | | 72 |
| ACIPENSER STURIO. | 99 | — de Buggenhagen. | | 74 |
| ALBURNUS BIPUNCTATUS. | 78 | — commune. | | 72 |
| — DOLABRATUS. | 79 | — de Géhin. | | 72 |
| — LUCIDUS. | 77 | — grande. | | 72 |
| Alburnus bipunctatus. | 76 | — haute. | | 72 |
| — lucidus. | 78, 79 | — petite. | | 75 |
| ALOSA VULGARIS. | 95 | — rosse. | | 76 |
| Alosa communis. | 95 | *Brochet.* | | 96 |
| *Alose.* | 95 | | | |
| Ammocœtus branchialis. | 101 | *Carassin.* | | 68 |
| *Ammocète.* | 102 | Carassius gibelio. | | 69 |

| | | | | |
|---|---|---|---|---|
| Carassius vulgaris. | Pages 68 | Cyprinus carassius. | Pages 67, | 68 |
| Careau. | 68 | — carpio var. | 65, | 66 |
| Carouge. | 68 | — — | | 80 |
| Carousche blanche. | 67 | — cephalus. | | 82 |
| — noire. | 68 | — coriaceus. | | 65 |
| Carpe. | 64 | — dobula. | | 82 |
| — bossue. | 66 | — dolabratus. | | 79 |
| Carpe carassin. | 68 | — elatus. | | 66 |
| — commune. | 64 | — erythrophthalmus. | | 79 |
| — à cuir. | 65 | — gibelio. | | 69 |
| — dorée. | 70 | — gobio. | | 60 |
| — de Kollar | 67 | — idus. | | 81 |
| — à miroir. | 65 | — Jeses. | | 81 |
| — de Vallières. | 71 | — Kollari | | 69 |
| Carpeau. | 71 | — latus | | 75 |
| Carpio Kollari. | 67 | — leuciscus | | 83 |
| Chabot. | 48 | — macrolepidotus. | | 65 |
| Chaca. | 48 | — nasus. | | 88 |
| Chatouille. | 102 | — nudus. | | 65 |
| Chevaine. | 82 | — orphus. | | 81 |
| Chevenne. | 82 | — phoxinus. | | 84 |
| Chiffe. | 88 | — rex cyprinorum. | | 65 |
| CHONDROSTOMA NASUS. | 88 | — rutilus. | | 83 |
| Civelle. | 102 | — specularis. | | 65 |
| Clupea alosa. | 95 | — striatus. | 66, | 67 |
| COBITIS BARBATULA. | 57 | — tinca. | | 63 |
| — FOSSILIS. | 59 | — torostoma | | 88 |
| — TŒNIA. | 58 | | | |
| Cobitis spilura. | 58 | Dorade de la Chine. | | 70 |
| — tœnia. | 58 | Dard. | | 83 |
| Cordonnier. | 49, 53 | Dobule. | | 82 |
| COTTUS GOBIO. | 48 | | | |
| Cyprin de la Chine. | 70 | Eperlan de Seine. | | 78 |
| — doré. | 70 | Epinoche. | 49, | 53 |
| CYPRINOPSIS AURATUS. | 70 | Epinoche aiguillonnée. | | 53 |
| — CARASSIUS. | 68 | — à queue lisse. | | 49 |
| — GIBELIO. | 69 | Epinochette. | | 54 |
| CYPRINUS CARPIO. | 64 | — lisse. | | 55 |
| — KOLLARI. | 67 | — piquante. | | 54 |
| Cyprinus abrama. | 71, 72, 74 | ESOX LUCIUS. | | 96 |
| — abramo-rutilus. | 76 | Esturgeon commun. | | 99 |
| — alburnus. | 77 | | | |
| — alepidotus. | 65 | Fario argenteus. | | 92 |
| — amarus. | 71 | Flet. | | 55 |
| — auratus. | 70 | | | |
| — barbus. | 64 | Gadus lota. | | 57 |
| — bipunctatus. | 78 | Gardon. | | 81 |
| — Bjœrkna. | 75 | Gardon-Carpé. | | |
| — blicca. | 75 | GASTEROSTEUS ACULEATUS. | | 53 |
| — brama. | 71 | — LEIURUS. | | 49 |
| — Buggenhagii. | 74 | — LŒVIS. | | 55 |

| | | | | |
|---|---|---|---|---|
| Gasterosteus pungitius. | Pag. 54 | Leuciscus dolabratus. | Pages | 79 |
| Gasterosteus aculeatus. | 51, 53 | — erythrophthalmus. | | 79 |
| — argentatissimus. | 49 | — gobio. | | 60 |
| — Bailloni. | 51, 53 | — Idus. | | 81 |
| — elegans. | 52, 53 | — Jeses. | | 81 |
| — leiurus. | 49, 52, 53 | — phoxinus. | | 84 |
| — neustrianus. | 53 | — rutiloides. | | 81 |
| — semi-armatus. | 52, 53 | — rutilus. | 76, | 80 |
| — semi-loricatus. | 53 | — Selysii. | | 81 |
| — trachurus. | 49, 53 | — vulgaris. | | 83 |
| Gibèle. | 69 | Loche de rivière. | | 59 |
| Gobio fluviatilis. | 60 | — d'étang. | | 59 |
| Gobio vulgaris. | 60 | — franche. | | 58 |
| Goujon. | 60 | Lota vulgaris. | | 57 |
| Gravelet. | 48, 93 | Lotte commune. | | 57 |
| Gremeuille. | 47 | | | |
| Gremille. | 47 | Mézaigne. | | 78 |
| Grosse-Tête. | 48 | Meunier. | | 82 |
| Gadus lota. | 57 | Misgurne. | | 59 |
| | | Moteuille. | | 58 |
| | | Moteulle. | | 58 |
| Hachette. | 79 | Moutoille. | | 58 |
| Hamburge. | 68 | | | |
| Hazelin. | 75 | Nase. | | 88 |
| Hotu. | 88 | Nez. | | 88 |
| Hurlin. | 45 | | | |
| | | Omble chevallier. | | 90 |
| Ide mélanote. | 82 | Ombre commune. | | 89 |
| Idus melanotus. | 81 | | | |
| | | Perca fluviatilis. | | 45 |
| | | Perca cernua. | | 47 |
| Kautzenkopf. | 48 | Perche. | | 45 |
| Koppen. | 48 | — goujonnière. | | 47 |
| | | — des Vosges. | | 45 |
| Lamprillon. | 102 | Perchette. | | 45 |
| Lamproie grande. | 102 | Péteuse. | | 71 |
| — marine. | 100 | Petromyzon fluviatilis. | | 100 |
| — de mer. | 101 | — marinus. | | 100 |
| — petite. | 100 | — planeri. | | 101 |
| — de Planer. | 101 | Pfrille. | | 84 |
| — de rivière. | 100 | Phoxinus lœvis. | | 84 |
| Lamproyon. | 100 | Picaud. | | 55 |
| Leuciscus rutilius. | 80 | Pingué. | | 49 |
| Leuciscus alburnoide. | 78 | Platessa flesus. | | 55 |
| — alburnus. | 77 | Pleuronectes flesus. | | 55 |
| — argenteus. | 83 | Plie. | | 55 |
| — aspius. | 78 | Poisson de mai. | | 95 |
| — Baldneri. | 78 | — rouge. | | 70 |
| — bipunctatus. | 78 | Pricca. | | 101 |
| — blicca. | 75 | | | |
| — Buggenhagii. | 74 | Renay. | | 91 |
| — dobula. | 82 | Rhodeus amarus. | | 71 |

| | | | |
|---|---|---|---|
| Rosse et Rossettes. | Pages 81 | Smolt. | Pages 92 |
| Rotengle. | 80 | Spirlin. | 78 |
| Rousse. | 81 | SQUALIUS CEPHALUS. | 82 |
| Roussette. | 81 | — LEUCISCUS. | 83 |
| | | Squalius dobula. | 82 |
| Salar Ausonii. | 93 | — leuciscus. | 79 |
| — umbla. | 90 | Suoe-Pierre | 102 |
| Salmet. | 92 | Sucet. | 102 |
| SALMO SALAR. | 91 | | |
| — SALVELINUS. | 90 | Tanche. | 63 |
| Salmo argenteus. | 92 | Têtard. | 48 |
| — ausonii. | 93 | THYMALLUS VEXILLIFER. | 89 |
| — fario. | 93, 94 | Thymallus communis. | 89 |
| — hamatus. | 91 | — gymnothorax. | 89 |
| — ranatus. | 91, 92 | — vulgaris | 89 |
| — rhenensis. | 92 | TINCA VULGARIS. | 63 |
| — salmo. | 91 | Truite. | 94 |
| — thymallus. | 89 | Truite argentée. | 92 |
| Salmo trutta. | 92, 93 | — de mer. | 92 |
| — trutta salar. | 92 | — saumonée. | 92 |
| — umbla. | 90 | TRUTTA ARGENTEA. | 92 |
| Salougne | 80 | — FARIO. | 93 |
| Salouze. | 75 | Trutta salar. | 91 |
| Sarve. | 80 | — trutta. | 92 |
| Satouille. | 59, 102 | | |
| Saumon. | 91 | Vairon. | 84 |
| Savetier. | 49 | Vandoise. | 83 |
| SCARDINIUS ERYTHROPHTHALM. | 79 | Vaudoise commune. | 83 |
| Sept Œil. | 101 | Vilain. | 48 |

Metz, Imp. J. Verronnais.

www.ingramcontent.com/pod-product-compliance
Lightning Source LLC
Chambersburg PA
CBHW070252100426
42743CB00011B/2234